Cómo dejar de ser tu peor enemigo

Cómo dejar de ser tu peor enemigo

Alba Cardalda

VERGARA

Papel certificado por el Forest Stewardship Council®

MIXTO
Papel | Apoyando la
silvicultura responsable
FSC
www.fsc.org
FSC® C117695

Penguin
Random House
Grupo Editorial

Primera edición: septiembre de 2024
Tercera reimpresión: junio de 2025

Printed in Spain – Impreso en España

ISBN: 978-84-19248-93-0
Depósito legal: B-10.439-2024

Compuesto en Llibresimes, S. L.

Impreso en Black Print CPI Ibérica
Sant Andreu de la Barca (Barcelona)

VE 4 8 9 3 0

Índice

SEGUNDA PARTE
CÓMO INFLUIR EN TU DIÁLOGO INTERIOR

*Este segundo libro del que algún día hablamos es para ti,
Álvaro.
Estas páginas están impregnadas de todo lo que aprendí,
recorrí y reí contigo. Están llenas de la psicología
que se aprende conociendo realidades, escuchando historias
de vida, mirando a los ojos de la gente y entendiéndola
más por lo que calla que por lo que dice.
Estas páginas están llenas de ti.
Por enseñarnos que estar vivo no es lo mismo que vivir y que,
aunque ya no estés, se puede seguir vivo.*

Gracias.

Introducción

Las conversaciones más importantes que tenemos a lo largo de nuestra vida son las que mantenemos con nosotros mismos. Somos a quienes más le hablamos e, irremediablemente, a quienes más escuchamos. Algunos estudios han demostrado que en nuestro fuero interno nos decimos alrededor de unas cuatro mil palabras por minuto y si las dijéramos en voz alta tardaríamos una hora aproximadamente.

Nuestra mente condensa tanto las palabras que es capaz de hacer esto en tan solo sesenta segundos, por lo que, si lo extrapolamos a las horas que pasamos despiertos al día, significa que podemos decirnos alrededor de tres millones y medio de palabras en una sola jornada. Esto equivale a escuchar unas novecientas conferencias de una hora en un solo día. Novecientas conferencias. ¿Te lo imaginas?

Así de grande es la capacidad que tiene nuestro cerebro de comprimir la información y así de prolongado es el tiempo que pasamos hablando con nosotros mismos.

Podemos hacernos una idea de la gran influencia que tiene lo que nos contamos internamente sobre lo que nos pasa, la vida, el mundo, la gente y sobre nosotros mismos. Tres millones y medio de palabras son muchas palabras y muchos mensajes que, dependiendo de cómo sean, pueden convertirse en una voz amiga, comprensiva y que nos ayude a crecer o, por el contrario, en una voz infernal, cruel y que nos haga dudar continuamente de nuestras capacidades.

El lugar al que los antiguos griegos acudían para tratar de resolver sus dudas y dilemas vitales era el oráculo de Delfos. Este oráculo, ubicado en Delfos, era uno de los sitios más importantes para el mundo griego. En él, la Pitia, la sacerdotisa que lo presidía, hablaba en nombre del dios Apolo y proporcionaba respuestas a las preguntas formuladas por los visitantes. Estas respuestas eran interpretadas por los sacerdotes del templo y se consideraban guías divinas para solucionar todo tipo de cuestiones. Hoy, el oráculo de Delfos ya no es más que un eco en los libros de historia, pero todos necesitamos alguna vez un encuentro con la Pitia, especialmente en esos momentos en que la vida se convierte en un laberinto de incertidumbres y dilemas. En muchas culturas, esa voz sabia que puede guiarnos a la hora de tomar decisiones y responder a nuestras preguntas se halla en nuestro interior. De hecho, psicólogos y terapeutas solemos recomendar a nuestros pacientes practicar la introspección, «mirar hacia dentro», para resolver muchas de las encrucijadas y dilemas que los mantienen ansiosos o angustiados. Sin embargo, hay veces que el ruido mental es tan fuerte que la persona es incapaz de hallar esa voz o, peor aún, puede escucharla, pero su mensaje es más perjudicial que beneficioso para ella. Cuando nuestro diálogo interno da vueltas y vueltas sobre lo mismo y se convierte en obsesión o en sobrepensamiento, cuando imagina los peores escenarios posibles generándonos ansiedad, cuando nos critica duramente, cuando impide que podamos disfrutar de nuestros logros y nos castiga sin piedad por los errores que cometemos o recalca siempre la parte negativa de nuestra realidad es preferible no atenderlo.

Cuántas veces nos gustaría tener un interruptor con las funciones on/off para acallar nuestros pensamientos, cuando estos no hacen más que provocarnos sufrimiento y agotamiento mental.

La interpretación que hace nuestra mente de lo que ocurre a nuestro alrededor (o puede ocurrirnos) es la mayor fuente de agonía y padecimiento que existe. Es decir, en multitud de ocasiones no es lo que nos pasa en sí lo que nos aflige, sino cómo nuestra mente nos cuenta esa experiencia o cómo esta imagina qué puede ocurrir en un futuro. La interpretación que hacemos a través de nuestras creencias, experiencias, conocimientos, emociones, ideas y pensamientos constituye nuestra vida interior y se expresa por medio de soliloquios.

Pero ¿qué hace que algunas personas tengan una vida interior cordial y apacible y otras, agónica y dolorosa? ¿Por qué a veces nuestro diálogo interno se convierte en rumia, sobrepensamiento, preocupaciones excesivas y negatividad? ¿De qué manera esto nos limita y nos empuja a tomar decisiones erróneas o, peor aún, a no tomar las que podrían ser las mejores decisiones de nuestra vida? Y, lo que es más importante, ¿podemos cambiar la forma en la que nos hablamos?

A lo largo de este libro iremos respondiendo a estas y otras preguntas que, con anterioridad, ya se hicieron pensadores, filósofos y psicólogos. No ha sido hasta la actualidad, con el avance tecnológico y científico, cuando hemos podido ver, a través de técnicas de neuroimagen, qué pasa en el cerebro cuando hablamos con nosotros mismos y qué estrategias son verdaderamente eficientes para modificar nuestra voz interior.

Pero antes quiero contarte por qué empecé a investigar sobre el diálogo interno y qué fue lo que me hizo entender la verdadera importancia de este.

Durante muchos años ejercí como psicóloga en residencias de personas mayores. Pasaba horas y horas escuchando las historias y reflexiones de aquellos que han visto todos los amaneceres y atardeceres que caben en ochenta, noventa e incluso cien años. Aunque cada uno de ellos había vivido experiencias distintas y pensaba de forma diferente, me percaté de que todos se arrepentían de ciertas cosas muy similares. Y una de ellas era que no lamentaban tanto los errores que habían cometido o los caminos emprendidos, sino aquellas decisiones que nunca se atrevieron a tomar.

Algunos se arrepentían de no haber declarado su amor a quien creían que podría haber sido el hombre o la mujer de su vida; otros, de no haber perseguido sus sueños; otros, de no haberse atrevido a ser realmente ellos... A todos ellos les pesaba —cómo no— llegar al final del camino con una mochila llena de «¿y si hubiera intentado...?».

Entre pastas y café manteníamos larguísimas charlas donde me explicaban con todo detalle sus experiencias, sus penas y sus alegrías. Yo iba tirando del hilo para adentrarme hasta donde me permitían entrar. Lo hacía, por un lado, para entender su forma de ver el mundo y poder ofrecerles así mi mejor apoyo profesional —eso es lo que tratamos de hacer los psicólogos—, pero, por otro, confieso, lo hacía para empaparme de toda esa sabiduría. «Más sabe el diablo por viejo que por diablo», reza el dicho. Y yo me sentía una afortunada por poder escuchar las voces más sabias y experimentadas de aquellos «viejos diablos» —bien saben todos ellos que lo digo con todo mi cariño y respeto—. El hecho es que sentía tener, día a día, frente a mí a la Pitia transmitiéndome toda la sabiduría del dios del tiempo y de la vida.

Cuando hablábamos sobre lo que lamentaban no haber hecho en sus vidas, terminábamos hablando sobre qué era lo que les había impedido llevarlo a cabo. La respuesta de todos ellos siempre tenía que ver no con la imposibilidad de hacerlo, sino con el miedo. El miedo a fracasar, a ser rechazados, criticados o indignos de ser amados. Y en ese momento, con la perspectiva que les daba la distancia y los años, reconocían que todos aquellos temores eran fantasmas que ellos mismos habían creado en sus mentes y habían ido alimentando hasta hacerlos tan grandes que les ganaron la partida. Por hacerle caso a una voz interior que les hablaba desde la inseguridad, el pesimismo, la autocrítica o, incluso, el desdén, habían dejado de tomar decisiones que ahora, al final de su camino, lamentaban profundamente no haber tomado.

A raíz de esas conversaciones, empecé a entender que tal vez el miedo más grande que uno puede tener no es a lo desconocido, al fracaso o al rechazo, sino a descubrir, al final del viaje, que no vivió la vida que quería y no por falta de oportunidades, sino porque uno mismo se lo negó.

Fue a partir de entonces cuando comencé a investigar de qué manera nuestra voz interior influye en las decisiones que tomamos a lo largo de nuestra vida, en la percepción que tenemos de nosotros mismos y en la gestión del estrés o del miedo. Exploré de qué forma podemos poner límites a la negatividad o a la rumia; por qué a veces, a través de esa voz, nos juzgamos, criticamos, culpabilizamos y exigimos más que lo que le permitiríamos a cualquier otra persona y, lo más importante, qué podemos hacer para que esa voz se convierta en nuestra mejor guía y amiga, algo así como en nuestra propia Pitia.

PRIMERA PARTE

¿QUÉ ES EL DIÁLOGO INTERIOR?

1

¿Qué es el diálogo interior?

La vida no es la que uno vivió, sino la que
uno recuerda y cómo la recuerda para con-
tarla.

GABRIEL GARCÍA MÁRQUEZ

Cuando en 2020 el mundo entero se paralizó y todos nos
confinamos en nuestras casas por la propagación del virus
SARS-CoV-2, millones y millones de personas en todo el
mundo se vieron afectados psicológica y emocionalmente.
Acostumbrados a una normalidad de infinitas opciones,
reducir las posibilidades de nuestra actividad a las que ca-
bían entre cuatro paredes, sumado al distanciamiento de
amigos y familiares y a ver cómo muchos de ellos padecie-
ron el virus terminó por pasarnos, a la gran mayoría de
nosotros, una cara factura emocional y psicológica.

Fruto del miedo, la incertidumbre, teorías conspiranoicas y el enfoque poco tranquilizador que adoptaron los medios de comunicación, muchas personas empezaron a desarrollar trastornos de ansiedad, paranoia, alteraciones de la conducta alimentaria, ideas suicidas y trastornos depresivos, entre otros.

Yo fui una de ellas. Llevé bastante bien el confinamiento las primeras semanas, hasta que un día empecé a pensar en qué ocurriría si mi padre enfermara. Y aquel pensamiento se convirtió en paranoia. De pronto, mi mente le daba vueltas y vueltas todo el día a una sola idea que vaticinaba como cierta: mi padre enfermaría y seguramente moriría; a consecuencia de ello, mi madre entraría en una depresión que no podría superar y la despedirían del trabajo, no tendríamos con qué pagar la hipoteca, por lo que nos echarían a ella, a mi hermana y a mí de nuestra casa, y terminaríamos mendigando en la calle y durmiendo bajo un puente muertas de frío.

Esta dramática idea, ahora completamente improbable, se convirtió en una realidad para mí en ese entonces y me produjo insomnio y altos niveles de ansiedad durante varias semanas. Mi voz interna me decía con completa seguridad que aquello iba a ocurrir y yo me lo creía a pies juntillas.

A pesar de que eso no era una situación real (ni nunca lo fue), la angustia y el padecimiento emocional que sentía debido a ese pensamiento sí lo era.

Y es que lo que nuestra mente nos cuenta, ya sea sobre el pasado, el presente o el futuro, puede o no ser real, pero lo que sí lo es son las emociones y el sufrimiento que nos pueden llegar a generar si no sabemos encauzarlo. Y es que, como dijo Séneca, sufrimos más en nuestra imaginación que en la realidad. Esto ocurre porque nuestro cerebro no distingue muy bien entre fantasía y realidad. Cuando imaginamos una situación, ya sea positiva o negativa, se activan casi las mismas áreas neurológicas que se activarían si la situación fuera real.

Por ejemplo, cuando imaginamos algo doloroso o amenazante, se activa la amígdala, el principal centro neurológico que procesa las emociones como el miedo y la ansiedad. Esta activación provoca respuestas fisiológicas reales, como un aumento en la frecuencia cardiaca o la liberación de cortisol, la hormona del estrés. Por lo tanto, incluso si una situación dolorosa es solo imaginaria y no está ocurriendo verdaderamente, el cuerpo reacciona (casi) como si fuera real.

Un claro ejemplo de ello es cuando pensamos en algo o alguien que nos resulta sexualmente atractivo. Cuando lo recreamos en nuestra mente, podemos experimentar cierta excitación: aumenta el ritmo de la respiración, el corazón bombea más rápido, las pupilas se dilatan, se enrojecen las mejillas e incluso, si el estímulo es intenso para nosotros, puede aumentar la lubricación y el flujo sanguíneo hacia los genitales. Solo con imaginar un estímulo, nuestro cuerpo reacciona preparándose física y fisiológicamente como si este fuera real.

Debido a este mecanismo, lo que recreamos mentalmente con nuestro diálogo interno es la causa del 90 por ciento de nuestras ansiedades, obsesiones y preocupaciones, y aunque después no ocurra nada de lo que hemos imaginado, ya hemos sufrido como si hubiera ocurrido en realidad.

Por otro lado, nuestra habla interior también dictamina lo que pensamos sobre nosotros mismos, los demás y el mundo; determina nuestra autoestima y la toma de decisiones; influye en nuestras actitudes y en cómo afrontamos la vida; condiciona la forma en la que nos relacionamos con los demás e impacta directamente sobre cómo nos sentimos.

Millones de adolescentes de todo el mundo desarrollan anorexia y bulimia (que padecen más chicas que chicos) porque su voz interna les repite incesantemente que «están gordas» o que «dan asco»; otras tantas personas sufren de trastorno de ansiedad porque su diálogo interno presupone anticipadamente que algo va a salir mal; algunos individuos reevalúan constantemente sus acciones juzgándose duramente y les invade la inseguridad, y otros se narran a sí mismos sus experiencias personales de forma tan negativa que se desmoralizan completamente y caen en profundas depresiones.

Sin embargo, otras voces se miran al espejo y se repiten lo atractivas que se ven, se mantienen disfrutando el aquí y el ahora, relativizan sus errores y premian sus logros, y se cuentan sus historias de vida otorgándose el papel de un protagonista suertudo y empoderado.

El diálogo interno es una herramienta muy poderosa que moldea nuestra percepción del mundo y de nosotros mismos, para bien o para mal. Aunque a menudo parezca un monólogo inamovible, la realidad es que tenemos la capacidad de cambiar estas voces internas a través de estrategias psicológicas.

¿De qué nos sirve hablar con nosotros mismos?

Para entender estas diferentes dinámicas en el habla interna que existen entre seres humanos, los psicólogos y neurocientíficos han realizado experimentos de todo tipo en las últimas décadas.

Andrew Irving es uno de los investigadores más destacados especializado en el diálogo interno de la Universidad de Mánchester. Lo que hace destacar a Irving es que ha llevado a cabo estudios con metodologías totalmente innovadoras, ya que consideraba que los métodos habituales de las ciencias sociales no eran suficientes para capturar la naturaleza de las experiencias y expresiones internas de las personas. Y lo cierto es que sus metodologías poco convencionales han dado a conocer increíbles hallazgos sobre cómo las personas viven y manifiestan su mundo interior.

En uno de los estudios más relevantes que Irving desarrolló en este campo, se centró en experiencias cercanas a la muerte, explorando cómo las creencias y la percepción sobre el mundo que tenían personas con enfermedades terminales iban cambiando a lo largo del tiempo. El objetivo del estudio era desarrollar terapias que pudieran paliar la angustia y la depresión en estos momentos críticos desde la comprensión profunda del mundo interno de la persona en cuestión. Con él abrió una nueva ventana al mundo interior de los pacientes terminales, dando a conocer cómo experimentan y procesan su realidad en los momentos más vulnerables.

El proyecto «New York Stories», disponible en YouTube, fue otra fascinante iniciativa de este antropólogo. Esta investigación marcó un hito en la comprensión de la complejidad del diálogo interno porque adoptó un enfoque totalmente nuevo y distinto a los que se habían usado hasta el momento que fue clave en el proyecto. Capturó los monólogos de cien personas en un entorno natural, realizando actividades cotidianas, a diferencia de las acciones poco espontáneas típicas de los experimentos de laboratorio. Se les pidió a los voluntarios, equipados con micrófonos, que expresaran sus pensamientos en voz alta, sin filtros ni intentos de ordenar sus discursos, mientras caminaban o se sentaban en un banco y, mientras, eran grabados discretamente.

Este método permitió a Irving capturar la riqueza y profundidad de los diálogos internos, que incluían reflexiones sobre la infancia, creencias religiosas y pensamientos sobre la vida después de la muerte. Los resultados mostraron la gran variabilidad de los pensamientos internos, desde reflexiones triviales hasta análisis profundos, destacando especialmente las preocupaciones sobre eventos que aún no habían ocurrido.

Uno de los ejemplos más representativos fue el caso de Meredith, una participante cuyo flujo de pensamientos iba fluctuando desde lo trivial hasta cuestiones profundamente filosóficas. En el vídeo se observa cómo Meredith camina por Manhattan buscando una papelería. Durante su recorrido, recuerda con dolor la reciente visita a su amigo Joan, quien enfrenta una dura batalla contra el cáncer. Mientras imagina cómo sería la vida sin él, incide un pensamiento sobre la cafetería que se encuentra frente a ella: cuando solía frecuentarla, tiempo atrás, era muy diferente... la invade con melancolía. La reflexión de Meredith sobre los cambios en la cafetería se entrelaza con pensamientos sobre los cambios en la vida misma, pero, nuevamente, sus pensamientos se ven interrumpidos por otros: «¡Cuánto ruido y vaya lío de tráfico!».

La grabación de Meredith y de otros participantes demuestra la naturaleza caótica y fluctuante de nuestros monólogos internos, y cómo estos están profundamente influenciados por nuestro entorno, creencias y experiencias personales, añadiendo capas y capas de complejidad al asunto.

Otro interesantísimo y sorprendente hallazgo en la comprensión de los monólogos internos fue el que hizo la doctora Jill Bolte Taylor. Jill era especialista en neuroanatomía, pero no llevó a cabo su descubrimiento como profesional, sino como paciente. Tenía treinta y siete años cuando se levantó una mañana de 1996 y, al disponerse a hacer ejercicio, empezó a sentirse algo «extraña». Un vaso sanguíneo estalló en el hemisferio izquierdo de su cerebro, el cual está asociado al lenguaje, el análisis lógico y la linealidad del tiempo. Como resultado, Jill perdió la capacidad de hablar, escribir, leer y recordar momentos autobiográficos, pero lo más notorio para ella fue cómo le afectó la pérdida de la capacidad de dialogar consigo misma.

Aprovechando su conocimiento sobre neuroanatomía y neurofisiología, Jill escribió un libro titulado *Un ataque de lucidez* (*My Stroke of Insight*, en su versión original inglesa), en el que detalló cómo la pérdida del diálogo interno alteró profundamente su percepción corporal y le provocó una reducción de su autoconsciencia, afectando tanto a sus emociones como a los recuerdos de su propia vida. Lo más curioso del caso es que describe esa alteración como una sensación de paz y tranquilidad.

Es decir, al haber puesto en off el interruptor del monólogo interior, la neuroanatomista pudo experimentar una sensación de calma y serenidad. Así, en sus conferencias argumenta que la disminución de un diálogo interno analítico y crítico conduce a un estado de mayor paz y conexión con uno mismo, lo cual coincide con las ideas que fundamentan la práctica de la meditación y la atención plena (mindfulness). Estas prácticas han demostrado que al reducir el ruido mental y apaciguar el diálogo interno se alcanza un estado de mayor serenidad y presencia.

Cuánto hubiera deseado tener ese interruptor durante el confinamiento cuando mi habla interna solo hacía que recordarme una y otra vez el trágico destino que nos esperaba a mi madre, a mi hermana y a mí. Pero todos los intentos que hacía por acallar esos pensamientos fueron en vano, de modo que cuanto más me esforzaba por ignorarlos, más me perseguían. No podía quitármelos de la cabeza, eran una auténtica pesadilla.

Y es que la mayoría de los seres humanos no podemos prescindir de la voz interior, es una propiedad básica de la mente humana y que nos caracteriza como especie. Incluso las personas sordas y mudas se comunican con ellas mismas internamente con un lenguaje propio. No podemos dejar de hablarnos, lo único que podemos hacer es aprender a dirigir bien ese diálogo, convertirlo en un discurso constructivo, tranquilo, compasivo y comprensivo con nosotros mismos y, a la vez, resolutivo y eficaz.

Pero ¿cómo? ¿Cómo podemos cambiar nuestros patrones de diálogo interno? No es tan difícil como piensas, solo hay que saber aplicar ciertas estrategias psicológicas. Pero para ello primero debemos entender cómo funciona nuestra mente.

¿De qué hablamos cuando hablamos solos?

Cuando me di cuenta de que cuanto más intentaba dejar de pensar en la imagen de mi familia pasando hambre y frío en la calle, con más intensidad me venía a la mente, me percaté de lo que me estaba pasando: el maldito elefante rosa.

El efecto «deja de pensar en un elefante rosa» explica por qué el esfuerzo por suprimir un pensamiento, a menudo provoca el efecto contrario: que prevalezca aún más en nuestra mente. Cuando intentamos no pensar en algo específico, como un elefante rosa (o que vas a terminar mendigando y viviendo con tu familia debajo de un puente), lo que realmente sucede es que nuestro cerebro debe recordar y procesar esa imagen o idea para poder evitarla, lo que, paradójicamente, hace que pensemos más en ello.

Para comprender bien este efecto, imagina tu mente como un vigilante al que ordenas una tarea (consciente), que es «No pienses en un elefante rosa». El vigilante, para cumplir esa orden y evitar ese pensamiento, necesita llevar a cabo otra tarea implícita (inconsciente): mantenerse alerta para asegurarse de que no estás pensando en el elefante rosa. Como el vigilante está de manera constante comprobando si estás pensando en él o no, termina recordándotelo sin querer. Por eso, contrariamente a la lógica, mientras más tratamos de no pensar en algo, más presente se vuelve ese pensamiento.

Este es el motivo por el que cuando uno empieza a

hacer una dieta, piensa más en comer que nunca; cuando intenta dejar de fumar, recuerda constantemente el cigarrillo; o cuando se quiere terminar con todo contacto con una expareja y no pensar en ella, más continuamente la recordamos.

Nuestra mente es compleja y no es fácil controlarla. Nos trae información que no queremos en los momentos más inoportunos y cuando la necesitamos no lo hace; opina continuamente sobre lo que hacemos y lo que ocurre a nuestro alrededor; planifica lo que vamos a hacer cuando salgamos del trabajo; organiza lo que vamos a hacer durante toda la semana en curso y las próximas; nos da órdenes e instrucciones; repite diálogos que hemos mantenido en el pasado e imagina los que podríamos tener en el futuro; juzga, critica, bromea, dramatiza, relativiza... y nos habla incluso mientras estamos hablando con otras personas. Nunca calla.

Uno de los objetivos principales de los estudios sobre el habla interna es conocer el contenido de esta, es decir, saber de qué hablamos cuando hablamos con nosotros mismos. Y a pesar de la complejidad de dilucidar esta cuestión, lo cierto es que sí ha podido hallarse una respuesta: aunque los procesos de pensamiento internos son muy variados, la tendencia de los seres humanos es dedicar gran parte del tiempo a pensar en preocupaciones y situaciones angustiantes de nuestras vidas, más que en las positivas o en pensamientos que nos alegren el día.

¿Sorprendente? No tanto. A pesar de la tendencia actual de primar la felicidad sobre cualquier otro propósito en la vida, nuestro cerebro tiene otro: mantenernos vivos, no felices. Acorde a su objetivo, de forma acertada, nuestra mente piensa más en todo aquello que es o podría ser una amenaza para nosotros que en aquello que nos haría ir confiados y embelesados por el mundo, ajenos a percibir cualquier señal que pueda indicarnos presencia de peligro.

Es una (fastidiosa) cuestión de supervivencia. Nuestros cerebros están diseñados para responder con mayor intensidad a los estímulos negativos. Por esta razón, de las seis emociones básicas universales, cuatro son «desagradables» (tristeza, miedo, ira y asco), una es agradable (alegría) y otra (sorpresa) puede ser agradable o desagradable. Se trata de una herencia evolutiva que en el pasado nos ayudaba a sobrevivir en ambientes peligrosos.

Ello se debe a que, para mantenernos con vida, necesitamos más emociones «desagradables» que agradables. Cuando abrimos una botella de leche y no estamos seguros de que esté en buen estado, lo primero que hacemos es acercárnosla a la nariz para olerla. Si la leche está mala, el olor nos producirá la emoción asco. El asco es la emoción que nos mantiene a salvo de ingerir alimentos que pueden intoxicarnos y matarnos.

Del mismo modo, si vamos paseando por la montaña y llegamos a un precipicio, la emoción que evitará que nos acerquemos demasiado al borde y corramos la (mala) suerte de caernos y perder la vida por el impacto contra el suelo, es la emoción miedo.

Si fuera solo por la alegría, ni tú ni yo estaríamos aquí (o no en las condiciones en que nos encontramos ahora). De hecho, hay personas que pasan largos periodos extasiados, sintiendo ninguna otra emoción más que la alegría y, aunque *a priori* nos pueda parecer algo idílico y maravilloso, no lo es. De hecho, esto es lo que ocurre en las fases maniacas del trastorno bipolar y acarrea consecuencias muy negativas. En estos casos se da un «exceso» de alegría (euforia), que hace que las personas afectadas por esta enfermedad tomen decisiones de manera impulsiva, a menudo con repercusiones indeseables, fruto de permanecer en un prolongado éxtasis: compran todo lo que se les antoja, tiran la casa por la ventana, dejan su trabajo, tienen sexo con muchas personas, salen de fiesta de noche y de día, consumen drogas... Son víctimas de una alegría excesiva e incesante, la cual, paradójicamente y al no contar con los límites de las otras emociones «desagradables», termina arruinándolos, haciendo que desarrollen adicciones a sustancias o conductas peligrosas, contraigan enfermedades de transmisión sexual y se encuentren con cientos de problemas por resolver a consecuencia de sus decisiones imprudentes.

Las personas sin este tipo de trastornos mentales o que toman medicación para controlar los impulsos de dicha enfermedad no suelen tener estos problemas (o no de esa envergadura) gracias a la influencia de las emociones «desagradables» que las mantienen a salvo porque funcionan como límites propios internos.

El hecho de que estemos programados para sentir emociones predominantemente desagradables se refleja también en nuestra habla interna, donde los pensamientos relacionados con riesgos, miedos y preocupaciones suelen tener mayor presencia que aquellos optimistas o reconfortantes.

El punto es que, aunque nuestro cerebro se ha mantenido intacto en los últimos cincuenta mil años, nuestras necesidades y estilo de vida sí han cambiado drásticamente. Por lo tanto, cabe cuestionarse si es práctico que, hoy día, mantengamos el mismo mecanismo de supervivencia que necesitábamos en el Paleolítico.

Por supuesto la respuesta es no, no lo es. Lo que una vez fue esencial para la supervivencia en un ambiente lleno de peligrosos depredadores, no es lo que necesitamos en un mundo donde el animal más feroz que podemos encontrar es el domesticado caniche de nuestra vecina o donde ya existen elementos de seguridad preventiva para evitar que corramos riesgos como, por ejemplo, el que supone pasar por una peligrosa superficie recién fregada.

¡ CUIDADO !
CAUTION

PISO
MOJADO

Wet Floor

Las amenazas vitales existentes en nuestros días son ínfimas en comparación con aquellas a las que tenían que hacer frente nuestros antiguos antepasados. Por consiguiente, ¿qué sentido tiene seguir manteniendo las mismas estrategias de afrontamiento?

Además, el hecho de mantenernos constantemente preocupados o teniendo pensamientos negativos genera altos niveles de cortisol, lo cual reduce nuestra capacidad de concentración y toma de decisiones e interfiere en la resolución de problemas y velocidad de procesamiento de la información, capacidades que sí necesitamos mantener a pleno rendimiento para dar respuesta a nuestras necesidades actuales.

Para los peligros del mundo actual, mucho más de carácter psicológico o social que físicos, necesitamos desarrollar habilidades cognitivas y emocionales como el pensamiento crítico, la empatía y la resiliencia psicológica. Mantener un puesto de trabajo, rendir académicamente, realizar con éxito una operación o caerle bien al funcionario de turno para que los asuntos que están en su mano se resuelvan, requieren de agudeza mental.

Así pues, a pesar de nuestra tendencia natural a pensar más en lo negativo que en lo positivo, necesitamos cambiar esta inclinación utilizando estrategias que nos ayuden a ajustarnos mejor a las necesidades de hoy.

Sin embargo, ir en contra de nuestra tendencia natural es un objetivo bastante ambicioso, sí. Pero el asombroso y magnífico diseño que la naturaleza le ha dado al cerebro humano, ya tuvo en cuenta que, en determinadas ocasiones, podría ser necesaria una manera alternativa de funcionar: un plan B.

Para situaciones donde lo que debería funcionar ya no funciona, como en casos de accidentes cerebrovasculares o traumatismos craneoencefálicos o inadaptaciones evolutivas (como el tema que nos ocupa), el cerebro fue dotado de una maravillosa cualidad: la neuroplasticidad.

La neuroplasticidad o plasticidad neuronal es la capacidad del cerebro para reorganizar y modificar las conexiones entre neuronas como resultado de experiencias y aprendizajes. Esta cualidad nos permite aprender habilidades o diferentes maneras de hacer las cosas para adaptarnos a nuevos entornos y problemas.

Cada vez que aprendemos algo nuevo o modificamos nuestra forma de pensar, estamos creando nuevas conexiones neuronales que, con la práctica y repetición, se acaban fortaleciendo hasta automatizarlo y hacerlo parte de nuestro repertorio habitual de pensamientos y comportamientos.

De hecho, nuestros pensamientos tienen la capacidad de moldear, literalmente, de darle forma, a nuestro cerebro. Pero, además, la plasticidad cerebral también implica suprimir las conexiones antiguas que ya no nos sirven. Es decir, nos permite tanto eliminar patrones de pensamiento como crear nuevos.

Y esto es, precisamente, lo que nos va a permitir cambiar lo que nos decimos y la manera en la que nos lo decimos para dejar de ser nuestro peor enemigo y convertirnos en nuestro mejor aliado.

2

El arte de un buen monologuista

Cuando no podemos cambiar una situación, nos enfrentamos al desafío de cambiarnos a nosotros mismos.

VICTOR FRANKL

Me encontraba en un pequeño pueblo de la selva amazónica, justo en la triple frontera entre Brasil, Colombia y Perú. Ahí iba a reencontrarme con Álvaro, un amigo argentino que había conocido meses atrás en la vibrante ciudad de Cali. Álvaro y yo habíamos emprendido nuestros viajes solos, pero desde que nos conocimos, a veces viajábamos juntos durante algunas semanas, después cada uno seguía su camino por su lado y, al cabo de un tiempo, volvíamos a reencontrarnos en algún punto de Sudamérica. Cuando viajábamos juntos hacíamos muy buen equipo: nos compenetrábamos a la perfección, nos entendíamos sin mediar palabra y cada uno aportaba las cosas que el otro no podía y viceversa.

Aquel día queríamos llegar a Puerto Nariño, una pequeña comunidad indígena del Amazonas que se encontraba a unos 70 kilómetros río arriba, y la única forma de llegar hasta allí era navegando durante seis horas por uno de los afluentes del caudaloso río. No disponíamos de una barca ni había una embarcación de «transporte público» que nos llevara, así que la única opción que teníamos era conseguir que alguien que fuera hacia ese municipio con su barca nos llevara en ella.

Entre las personas que se hallaban junto a nosotros en el pequeño puerto encontré a dos monjas que tenían que llevar víveres a un orfanato que estaba, precisamente, en la comunidad de Puerto Nariño. Tras conversar un largo rato con ellas, aceptaron llevarnos en su lancha a cambio de que, una vez allí, transportásemos dichos víveres desde la embarcación hasta el orfanato. *Quid pro quo.*

Tras navegar durante varias horas, atracamos en un amarradero escondido. Una vez en tierra, las monjas nos indicaron por dónde debíamos llevar las cuarenta y pico cajas y sacos de víveres. Cada uno de ellos pesaba una barbaridad y el camino era largo y casi vertical. Era mediodía y, entre el hambre, el sol, el calor y la humedad de la selva, no hallaba las fuerzas para comenzar a moverlos.

Me puse una caja en un hombro y la sujeté con una mano; con la otra, cogí dos sacos y empecé a andar. Mi mente no dejaba de recordarme el hambre, el cansancio, la sed y el calor que tenía y todo lo que me quedaba por transportar. No había hecho ni un solo viaje cuando, a mitad de camino, dejé todo en el suelo y me senté allí mismo, en la tierra, agotada.

En ese momento, Álvaro, que ya regresaba a por su segunda ronda, me dijo con una sonrisa en la cara: «¿Qué onda, Albita? ¿No decías que querías hacer crossfit? Mirá el verdadero crossfit —se reía—. Vamos, ¡dale!». Al ver que no estaba para bromas y que realmente me sentía agotada, me dijo: «Esto es como todo, boluda: si no podés con todo, ve de a poco, no hay apuro. Si no podés con cuatro cajas, llevá dos y si no podés con dos, llevá una».

Eso era lo que necesitaba que me dijera mi cabeza, un poco de sentido del humor, tomármelo con calma y animarme, y no estar renegando todo el rato. A partir de ese momento, mi voz interior pasó de ser una fastidiosa queja que me repetía una y otra vez el hambre, el calor y el cansancio que sentía a una voz que relativizaba mi drama, me recordaba la suerte que teníamos de haber podido llegar hasta allí y me animaba a ir trasladando las cajas poco a poco.

Esa anécdota me sirvió para que, desde entonces, cada vez que me obceco con algún objetivo o tareas del trabajo y me encuentro renegando para mis adentros, recuerdo las palabras de Álvaro y las hago resonar en mi cabeza... «si no podés con todo, ve de a poco, no hay apuro». Mi voz interna pasa de sabotearme a convertirse en mi aliada.

¿Qué hace que algunas personas tengan diálogos más positivos que otras? ¿Por qué algunas personas sufren tanto cuando miran hacia su interior y otras encuentran la paz? ¿Cómo influye en nuestra vida la manera en la que nos hablamos a nosotros mismos?

Lo que nos decimos tras un rechazo, un halago, un fracaso o un logro, tienen una influencia potentísima en nuestro autoconcepto y en las decisiones que tomamos en el día a día, y ¿qué somos, si no, más que lo que creemos ser y nuestras acciones?

Nuestro monólogo interno determina nuestra vida y quiénes somos. Es decir, en resumen, lo determina todo. Cuando nos enfrentamos a situaciones de rechazo o fracaso, lo que nos decimos marca la diferencia entre una recuperación rápida o un largo tiempo de inseguridades y bloqueo. Por ejemplo, si nos descartan en una entrevista de trabajo, podemos decirnos cosas como «Siempre fracasas, nunca serás bueno en nada», o algo como «Está bien, no ha salido como querías, pero habrá más oportunidades y lo harás mejor la próxima vez».

Si tras un fracaso nos decimos a nosotros mismos que somos incapaces y que nunca mejoraremos, iremos creando un concepto de nosotros mismos negativo y fomentando una baja autoestima. Por otro lado, si nuestro diálogo interno es comprensivo y optimista, reconoce el fracaso como una oportunidad de aprendizaje, potenciaremos la resiliencia y el crecimiento personal.

No solo es importante cómo reaccionamos ante los

fracasos, también es fundamental cómo lo hacemos ante los logros. La respuesta interna a los éxitos puede hacernos valorar nuestros esfuerzos y usar lo que hemos conseguido como trampolín hacia metas futuras o, por el contrario, convertirse en una fuente de duda y miedo, llevándonos a desacreditar nuestros propios triunfos y a sentirnos como si no fuéramos realmente merecedores de ellos (es lo que ocurre en el síndrome del impostor).

La medida en que cada uno cree que tiene control sobre sus éxitos y sus fracasos se denomina «locus de control». Este es un concepto muy importante en la psicología y se tiene en cuenta en todo análisis terapéutico, ya que explica, entre otras muchas cosas, por qué algunas personas, a pesar de conseguir logros en su vida y gozar de una buena situación, se sienten poco valiosas o inseguras, o por qué otras creen que, hagan lo que hagan, no pueden influir en lo que les ocurra en la vida o, al contrario, por qué creen que absolutamente todo lo que uno consigue o no consigue es consecuencia directa de su esfuerzo y decisiones.

El locus de control se divide en cuatro tipos en función de si es interno o externo y si se considera estable o inestable.

Las personas con un locus de control interno creen que tienen un papel completamente decisivo en sus propios destinos. Piensan que sus acciones, decisiones y esfuerzos personales afectan directamente en los resultados de sus vidas. Estas personas suelen ser más proactivas, responsables y motivadas para cambiar su situación cuando es necesario, pero, si esta creencia es extremista, pueden caer en la meritocracia.

Aquellos con un locus de control externo sienten que sus vidas están mayormente determinadas por fuerzas externas tales como el destino, la suerte, la sociedad o las acciones de otros. Estas personas suelen sentirse menos empoderadas para llevar a cabo cambios significativos en sus vidas porque consideran que tienen poco control. Este tipo de locus llevado al extremo puede llevar al determinismo o, incluso, al victimismo.

Además de la distinción entre interno y externo, el locus de control puede ser estable o inestable. El locus de control estable implica creer en que el hecho de que sea interno o externo siempre se mantiene y no cambia. Por ejemplo, si alguien cree que su éxito siempre depende de su propio esfuerzo (locus de control interno y estable) o siempre de la suerte (locus de control externo y estable). Por último, alguien con un locus de control inestable cree que los factores que influencian los eventos son cambiantes o aleatorios. Por ejemplo, alguien podría pensar que su éxito en un examen fue debido a un esfuerzo excepcional en ese momento específico (locus de control interno pero inestable) o a un evento fortuito que ocurrió ese día (locus de control externo pero inestable).

	INTERNO	EXTERNO
ESTABLE	**SOY TORPE** (Es por mí y no se puede cambiar)	**TENGO MALA SUERTE** (No depende de mí y no se puede cambiar)
INESTABLE	**NO ME HE ESFORZADO** (Depende de mí y se puede cambiar)	**ME LO HAN PUESTO DIFÍCIL** (No depende de mí y se puede cambiar)

Cuando una persona se enfrenta al rechazo en una entrevista de trabajo, la forma en la que lo interpreta y reacciona ante este hecho está influenciada por su locus de control. Si tiene un locus de control interno, lo interpretará como una oportunidad para aprender y mejorar, lo que le lleva a pensar cosas como «Está bien, no ha salido como querías, pero habrá más oportunidades y lo harás mejor la próxima vez». Este estilo nos hace resilientes y potencia el crecimiento personal.

Pero si una persona tiene un locus de control externo, podría atribuir el rechazo en la entrevista a factores incontrolables como la mala suerte, que se reflejará en pensamientos como «Siempre fracasas, nunca serás bueno en nada».

Aquellos con un locus de control interno tienden a

atribuir sus logros a sus propios esfuerzos y habilidades, lo que ayuda a aumentar su confianza y motivación para futuros retos. En cambio, aquellos con un locus de control externo pueden sentir que sus éxitos son el resultado de factores externos o de suerte, lo que puede contribuir a sentimientos de inseguridad y al síndrome del impostor.

Por otro lado, si cuando nos marcamos un objetivo nos alentamos a perseguirlo, nos animamos a mejorar nuestras capacidades y asumimos el riesgo del fracaso como algo natural y parte del proceso, fomentamos la valentía y la autoconfianza y maximizamos las probabilidades de lograrlo. Si, por el contrario, nos subestimamos, imaginamos continuamente el peor de los escenarios, nos repetimos una y otra vez que no seremos capaces de conseguirlo y no confiamos en nuestros recursos para hacerlo, alimentaremos una mala autoestima, evitaremos desafíos o renunciaremos ante la primera dificultad, lo cual reafirmará aún más esa idea negativa de nosotros mismos.

Una y otra forma de hablarse tienen consecuencias muy potentes: el diálogo negativo empobrece nuestra autoestima y percepción de capacidades, por lo que dejamos de afrontar nuevos retos e ir en busca de nuevas oportunidades minimizando así nuestras posibilidades de éxito (y, por ende, aumentando las de fracaso). Al no conseguir nuestros objetivos, nuestra autoestima se verá afectada y volveremos a iniciar el círculo retroalimentando el diálogo interno negativo y convirtiéndose en una espiral difícil de romper.

En contraposición, el diálogo positivo crea una espiral positiva: fortalece nuestra autoestima, nos hace confiar en nuestras capacidades y aprender de los errores, lo cual nos empuja a ser más persistentes en nuestras metas y a intentar opciones distintas, maximizando así nuestras posibilidades de éxito. Al alcanzar nuestras metas, nuestra autoestima se fortalece cerrando así un círculo de retroalimentación positiva.

Por eso, saber cuándo debemos mirar hacia dentro es tan importante como saber cuándo no debemos hacerlo (o al menos no hasta que retomemos un diálogo sereno, justo y sensato).

Todo tiene un porqué

En mi época de estudiante, iba todos los jueves a comer a casa de mi tía Sole. La tía Sole era, en realidad, tía de mi madre, hermana de mi abuela, y una segunda madre para mí. Siempre fue una mujer muy dicharachera y carismática. Nacida en Granada, durante la posguerra se fue a Barcelona a trabajar y, cuando ella y sus ocho hermanos con sus respectivas parejas pudieron instalarse en un pisito del Eixample, enseguida se hizo con todo el barrio.

Conocía a todas las personas del vecindario y se paraba a hablar con cada una de ellas cada vez que se las encontraba por la calle. Hablaba hasta por los codos y era querida por todo el mundo. Sin embargo, cuando estaba en casa se volvía más callada y a veces pasaba largos ratos sin decir absolutamente nada. La recuerdo sentada en el sofá, con los pies en alto, las manos entrelazadas encima de la barriga y los ojos cerrados. Yo le decía: «¡Tía! ¡Que te estás durmiendo!». Y ella siempre me contestaba: «No, estoy ordenando mis cosas».

Ella no había ido nunca al colegio, pero era más lista que el hambre y no le hizo falta, como a mí, sacarse una carrera ni hacer estudios de neuroimagen para saber que el hablar internamente con uno mismo sirve, precisamente como ella decía, para ordenar las ideas.

Los investigadores del campo de la psicología y la neurociencia han dedicado muchos esfuerzos para comprender cómo funciona el diálogo interno en el ser humano y han descubierto que, por una parte, este es fundamental para mantener una buena salud mental; por otra, que existen diferentes tipos diálogo y, por último, que, en función de la modalidad del diálogo, se llevan a cabo funciones diferentes.

Por ejemplo, el diálogo de identidad propia es el que mantenemos cuando nos planteamos cuestiones profundas y filosóficas. Su objetivo es ayudarnos a reflexionar sobre nosotros mismos y nuestras experiencias, lo que nos permite comprendernos a nosotros mismos más profundamente con el fin de darle sentido a la vida o contestar preguntas trascendentales. De este modo, nos responderemos preguntas como «¿Quién soy?», «¿Cuál es el sentido de mi vida?» o «¿Por qué estoy aquí?».

Si bien es cierto que algunas personas desarrollan mucho este tipo de conversaciones consigo mismas y otras jamás se cuestionan estos interrogantes, lo más importante es, en el caso de hacérnoslos, cuáles son las respuestas que nos damos, ya que estas impactan directamente en nuestro bienestar y salud mental.

En el mejor de los casos, nuestra voz interior funciona como un diálogo de apoyo motivacional, es decir, como un regulador emocional que nos ayuda a comprender nuestras emociones y a mantenerlas en equilibrio ante diferentes situaciones. Por ejemplo, cuando estamos ansiosos o enfrentamos un reto complicado, el decirnos a nosotros mismos «Calma, puedo gestionar esto» o «Me ocuparé de esto cuando llegue el momento» nos ayuda a tranquilizarnos. A través de estos pensamientos nos recordamos nuestras propias capacidades y fortalezas, lo que nos ayuda a enfocarnos en el problema con una mente más clara y menos ansiosa.

Por otro lado, está el diálogo instruccional, que funciona como un estratega mental: a través de él nos marcamos objetivos, sopesamos los pros y contras de distintas alternativas, planificamos cómo alcanzar nuestras metas y pensamos en posibles soluciones ante los obstáculos que puedan surgir.

Una de las peculiaridades de nuestro diálogo interno es que, a pesar de ser una sola persona la que lo crea (nosotros mismos), a veces puede parecer que en nuestra cabeza tenemos a diferentes personas dando diversas opiniones sobre un tema. ¿Quién es quién cuando nos debatimos internamente a través de diferentes voces?

Cuando hablamos o discutimos con nosotros mismos como si fuéramos dos o más personas con argumentos distintos, estamos creando un diálogo disociativo. Estas voces representan diferentes facetas o aspectos de nuestra propia personalidad, creencias o emociones, y cada una ofrece una perspectiva distinta sobre un mismo asunto. Así, si estamos considerando cambiar el trabajo actual (algo aburrido pero seguro) por uno nuevo (que nos gusta más, pero es menos estable), es posible que en nuestra mente se desarrollen dos voces: la «voz de la seguridad» y la «voz apasionada». La primera apostará por la estabilidad y la previsibilidad del trabajo actual, argumentará en favor de los beneficios de los que ya gozamos (un salario estable, unos compañeros conocidos y habilidades que tenemos por la mano, entre otros), nos recordará el riesgo que implica un cambio y lo que podría llegar a ocurrir si después no nos gusta el nuevo trabajo o algo sale mal. Por otra parte, la «voz apasionada» querrá que exploremos nuevas oportunidades y que nos dediquemos a algo más vocacional, nos hablará de la realización personal, la emoción de aprender habilidades nuevas y la posibilidad de un trabajo más gratificante a largo plazo. Nos recordará lo que queríamos ser cuando éramos niños y la importancia de cumplir nuestros sueños.

Estas dos voces dialogan, discuten y debaten. La voz de la seguridad presenta argumentos basados en la lógica y el pragmatismo, mientras que la voz apasionada habla desde la emoción y la aspiración.

El diálogo disociativo constituye una muy buena herramienta de introspección, dado que, al permitir que distintas partes de nosotros mismos «hablen» y sean escuchadas, podemos entender mejor nuestros propios miedos, deseos, necesidades, valores y motivaciones, y ello nos permite tomar decisiones más conscientemente.

Hay dos cosas que siempre llegan con retraso: los trenes de cercanías y la respuesta idónea. A excepción de las personas ágiles e ingeniosas, a las cuales admiro profundamente por su capacidad de dar espontáneamente respuestas oportunas, el resto de los mortales tenemos que lidiar con la frustración de que se nos ocurra la respuesta ideal cuando ya han pasado horas (o días) del momento de darla. Entonces imaginamos en la mente lo bien que hubiéramos quedado si hubiéramos sabido contestar con avidez en ese momento y cuál hubiera sido la reacción de la otra persona. Se conoce como «diálogo interno social» y, a diferencia de un monólogo, donde la persona reflexiona consigo misma, recrea posibles escenarios de conversación, incluyendo tanto las propias palabras como las respuestas imaginadas de la otra persona.

Este tipo de diálogo, proyectado a posibles conversaciones futuras, puede sernos útil para aumentar la autoconfianza ante situaciones reales complejas. Nos permite ensayar respuestas y estrategias de comunicación, explorar diferentes resultados y prepararnos para diversas reacciones posibles, como, por ejemplo, para una entrevista de trabajo o una conversación importante. Este tipo de diálogo interno puede hacernos reducir la ansiedad que nos generan ciertas situaciones futuras.

Por último, tenemos el diálogo compulsivo: la voz de nuestro peor enemigo. Este tipo de monólogo se da cuando debatimos problemas internamente y les damos vueltas y más vueltas, llevándonos a rumiaciones y preocupaciones excesivas. Es el que se da, por ejemplo, cuando tenemos una primera cita y, tras finalizar, empezamos a repasar cada detalle: lo que dijimos y cómo lo dijimos, lo que nos faltó por decir, si respondimos correctamente a lo que nos preguntaron, si nuestra vestimenta era la adecuada para la ocasión o si el otro nos juzgará o criticará por algo que hicimos.

El diálogo compulsivo es como un bolso lleno de «Y si...?» y tiene la misma cualidad que el de Mary Poppins: no tiene fondo, caben infinitos «y si...?» y por cada uno que nos planteamos aparecen cinco más. ¿Y si al jefe no le ha gustado lo que he dicho? ¿Y si perdemos esta negociación por mi culpa? ¿Y si pierde la confianza en mí? ¿Y si me despiden? ¿Y si me quedo sin trabajo y, con esta edad, ya no me contratan en ningún sitio? ¿Y si entonces mi mujer me deja porque me considera un inútil que no trabaja? ¿Y si me quedo solo y sin trabajo? ¿Y si mis hijos ven que soy un fracasado? ¿Y si ellos se convierten en unos fracasados porque su padre es un fracasado?...

Debemos saber cortar con el diálogo compulsivo (decirnos: «¡Para! Estás divagando sobre un comentario que ni siquiera sabes si le ha gustado o no a tu jefe»); de lo contrario, este nos deja completamente exhaustos, decaídos, nos crea inseguridad y, habitualmente, nos causa ansiedad, lo que hace que, por lo general, deseemos tener ese interruptor de pensamientos y ponerlo en off.

No todas las personas desarrollan todos los tipos de monólogos ni siempre se da en la misma medida uno u otro. Hay personas con muy buen diálogo motivacional (como el de mi amigo Álvaro cargando decenas de kilos a su espalda en mitad de la selva) y otras con mucho diálogo compulsivo (como el mío cuando pensaba obsesivamente en que iba a terminar mendigando debajo de un puente).

¿Qué hace que algunas personas tengan un diálogo motivacional y construyan un yo fuerte, sano y carismático y en otras prime el diálogo compulsivo creando un yo sufridor, inseguro y ansioso?

Para responder esta pregunta debemos conocer cómo se forma nuestro diálogo interior.

3

Donde todo empieza

Es más fácil construir niños fuertes que reparar hombres rotos.

Frederick Douglass

Algunas personas siempre hablan consigo mismas para sus adentros, pero otras suelen hacerlo en voz alta, sobre todo cuando están solas. De hecho, hablar con nosotros mismos en silencio es algo que aprendemos a medida que vamos conociendo las normas sociales, pero en nuestra temprana infancia (hasta los seis o siete años) solemos hacerlo en voz alta.

Jean Piaget, uno de los psicólogos del desarrollo más influyentes del siglo xx, fue el primero en estudiar este fenómeno y, posteriormente, Lev Vygotsky amplió sus investigaciones. Vygotsky concluyó que los niños menores de seis años hablan con ellos mismos de forma audible y, a partir de esa edad, empiezan a internalizar esa voz gradualmente hasta convertirse en diálogo interno.

Vygotsky también fue el primero en apuntar la relación existente entre el desarrollo verbal y el desarrollo emocional. Hablarnos a nosotros mismos constituye la base de una de las funciones cognitivas más complejas y evolucionadas del ser humano: el autocontrol y la gestión emocional. Las instrucciones y órdenes que nos daban nuestros primeros educadores (por lo común, padres y profesores) son las que terminamos por interiorizar y repetirnos internamente. Por lo tanto, integramos aquello que mamá y papá nos decían que estaba bien o mal, así como maneras de hablarnos, calificativos, juicios, instrucciones, órdenes y opiniones y acaba por convertirse en nuestra propia voz.

¿Significa entonces que la forma en la que nos hablaban nuestros padres es la misma con la que nos hablamos nosotros?

No exactamente. Es posible que nuestros primeros educadores fueran muy cariñosos y amables con nosotros y, aun así, desarrollemos un monólogo interno duro y cruel.

Cuando somos pequeños no solo aprendemos de lo que nos dicen o hacen directamente a nosotros, sino que también observamos e imitamos la manera en la que nuestros modelos más significativos (familia, profesores y medios de comunicación) se hablan a sí mismos o a otras personas. Por ejemplo, una niña que ve a su madre mirarse al espejo y decirse «¡Qué gorda estoy, nada me queda bien!», puede aprender a criticarse duramente por imitación sin necesidad de que su madre la critique a ella directamente.

O si un profesor suele hablar con desprecio a un niño de la clase, es probable que los demás compañeros se familiaricen y acaben por normalizar esa forma de hablar, aunque no vaya directamente dirigida a ellos. O si de manera constante ve anuncios en la televisión que critican los signos de envejecimiento y hablan de ellos como aspectos que corregir, seguramente aprenda a rechazar su propio cuerpo cuando este muestre las señales propias del pasar de los años.

El cerebro de los niños es como una esponja. Es capaz de absorber absolutamente todo lo que ven a su alrededor con gran facilidad gracias a que su neuroplasticidad es mucho mayor que la de los adultos, lo que permite que, solo con estar expuestos a un estímulo o experiencia, creen nuevas conexiones neuronales (es decir, aprendan). Esto, que *a priori* puede ser positivo, también tiene una parte negativa.

La mayoría de los padres y madres no son conscientes de la facilidad con la que pueden llegar a aprender sus hijos porque desconocen que el cerebro infantil tiene esta supercapacidad para aprender tan solo con la observación. Por dicha razón, muchas veces se comportan o hablan (a otras personas o a sí mismos) de una forma poco amable, creyendo que por hacerlo en pocas ocasiones o no hacerlo directamente dirigiéndose a sus hijos, ello no va a tener un impacto en los pequeños, pero sí lo tiene.

Además de la alta capacidad plástica del cerebro infantil, las áreas responsables del aprendizaje observacional (es decir, la capacidad de aprender solo por observación), como la corteza prefrontal y las neuronas espejo, están particularmente activas en edades tempranas.

Este es el motivo por el cual cuando somos pequeños podemos aprender sin esfuerzo cualquier cosa que de adultos nos supone una dedicación enorme, como a hablar cualquier idioma o a tocar un instrumento. La otra cara de la misma moneda es que también hace que, cuando somos niños, podamos desarrollar patrones de pensamiento o comunicación negativos únicamente observando o escuchando patrones negativos en otras personas, aunque no los practiquen directamente con nosotros.

Entonces, cabe preguntarnos dónde aprendimos a hablarnos mal, no únicamente recordando cómo se dirigían a nosotros nuestros padres o familiares cercanos o profesores, sino también cómo se hablaban entre sí o a ellos mismos.

Por otro lado, esto nos lleva a cuestionarnos qué patrones de comunicación estamos enseñando a los pequeños que están a nuestro cargo, no solo por cómo nos dirigimos a ellos sino también por cómo nos expresamos delante de ellos. Es importantísimo no criticarnos duramente a nosotros mismos delante de los niños, no juzgar negativamente nuestro físico o darle demasiada importancia, o no ser duros con nuestros errores. La consigna es: «lo que no te gustaría que tu hijo se dijera a sí mismo, no te lo digas a ti» (o al menos, no delante de él).

Veo muchos casos de madres y padres que acuden a mi consulta preocupados porque sus hijas preadolescentes quieren hacer dietas, maquillarse e, incluso, comprarse cremas antiedad (¡niñas preadolescentes!) para obtener un físico más parecido a sus influencers favoritas. Es bastante común que este perfil tan joven preocupado por su aspecto físico desarrolle una relación poco sana con su cuerpo y una baja autoestima (con el riesgo de padecer un trastorno de conducta alimentaria). En muchos de estos casos, los padres y madres se han esmerado en transmitir mensajes positivos a sus hijas e hijos, en demostrarles amor y aceptación, y en hablarles de manera amable y cariñosa. «¿Cómo es posible —preguntan— que mi hija no acepte su cuerpo o sus facciones?».

Cuando exploramos qué relación tiene la madre o el padre con su propio físico, en numerosas ocasiones se empieza a dilucidar el origen del problema. Madres que critican sus propios cuerpos, que muestran desaprobación por su peso o por sus marcas de expresión delante de sus hijos, o padres que no aceptan tener unos bíceps más pequeños que el tamaño de una pelota de rugby y que siguen a gurús de la masculinidad que proclaman que tener panza es de perdedores, están enseñando de forma indirecta a sus hijos a mantener una relación insana con sus cuerpos.

Si una madre le dice a su hija que es hermosa sencillamente por ser como es y que no importa cómo de alta o de baja o de gorda o de flaca sea «porque lo importante está en el interior», pero después, delante de ella, se mira al espejo haciendo duros comentarios sobre su propio cuerpo, su peso o sus líneas de expresión, le está transmitiendo mensajes contradictorios.

Si un padre muestra tolerancia con los errores de su hijo, le explica que equivocarse no está mal porque significa que lo está intentando y que lo importante es lo que se aprende de cada equivocación, pero después se critica a sí mismo severamente cuando algo no sale como esperaba o no obtiene los resultados que quería, también está transmitiéndole mensajes completamente contradictorios.

De igual forma, cuando una pareja discute delante de sus hijos alzándose la voz y perdiéndose el respeto, por más que siempre se dirijan a sus hijos amorosamente, están normalizando un patrón de comunicación insano y destructivo que el día de mañana podrán usar consigo mismos o con las personas que aman porque lo habrán normalizado.

Por estos motivos, los adultos debemos tener sumo cuidado con cómo hablamos, no solo a los niños y niñas, sino también a quien sea con quien lo hagamos delante de ellos.

A medida que vamos creciendo, nuestra propia voz interior va tomando forma a través de todas estas experiencias, pensamientos, ideas, preocupaciones, recuerdos y las interpretaciones constantes que hacemos de lo que percibimos modeladas a través de nuestras creencias (ese elemento tan central en toda nuestra vida emocional y cognitiva).

Lo que las creencias crean

Escribió Ortega y Gasset:

> No hay vida humana que no esté constituida por ciertas creencias básicas y, por decirlo así, montada sobre ellas. Vivir es tener que habérselas con algo —con el mundo y consigo mismo—. Mas ese mundo y ese «sí mismo» con que el hombre se encuentra le aparecen ya bajo la especie de una interpretación, de «ideas» sobre el mundo y sobre sí mismo. Estas «ideas» básicas que llamo creencias. [...]
> Cabe decir que no son ideas que tenemos, sino ideas que somos. Más aún: precisamente porque son creencias radicalísimas se confunden para nosotros con la realidad misma: son nuestro mundo y nuestro ser.

Es realmente difícil identificar nuestras creencias y, para ello nos hacen falta horas y horas de introspección, cuestionamiento y reflexión. No obstante, el esfuerzo bien merece la pena, ya que hacerlo es el único camino que nos lleva a la antesala de un verdadero cambio de mentalidad (y, por ende, a modificar acciones y a sentir otras emociones), pues todo lo que no se identifica no puede modificarse.

La historia de Andre Agassi es una buena muestra de ello. En el año 2003, Andre Agassi levantaba el trofeo del Abierto de Australia, marcando uno de los regresos más espectaculares en la historia del tenis. Esa victoria no era solo un triunfo deportivo, era la superación de una batalla interna contra creencias que lo habían limitado durante años y que lo habían llevado a lo más profundo del pozo.

Cuando en 1980 el joven Agassi irrumpía en la escena del tenis con un talento y carisma desbordantes, nadie pensaba que detrás de sus impresionantes habilidades y su imagen pública se escondía un chico con creencias que le hacían dudar continuamente de su valor y sentir que nunca era lo suficientemente bueno, a pesar de las victorias en los partidos.

En su autobiografía, *Open*, explica que llegó a odiar el tenis y a sentirse realmente mal, lo que lo llevó a consumir alcohol y drogas, por lo que su rendimiento cayó en picado. El mundo entero vio cómo una de las mayores promesas del tenis se desvanecía.

Durante años de «derrotas» tanto personales como profesionales, lo cual solo hacía que reforzara aún más sus pensamientos negativos y su falta de autoestima, Agassi empezó a desafiar las creencias que lo habían llevado hasta ahí con ayuda de profesionales de salud mental. Tras todo un proceso terapéutico aprendió a otorgarle un significado e interpretación diferente a su realidad y a darse valor a sí mismo. También redescubrió su amor por el tenis y encontró un propósito más allá de los trofeos y la aprobación de otros. Así, cuando en 2003 Agassi levantó el trofeo, lo hizo gracias a la reconstrucción de sus creencias y a cambiar su diálogo interno, al haber encontrado un nuevo significado en su vida y su carrera.

Nuestras creencias son nuestros cimientos; ellas determinan cómo vemos y entendemos el mundo. Basados en estas creencias, formamos nuestras ideas y pensamientos. Todo esto junto (creencias, ideas y pensamientos) moldea nuestra voz interna, es decir, lo que nos decimos a nosotros mismos en nuestra mente. Este diálogo interno, a su vez, refuerza nuestras creencias originales. Es como un ciclo que se retroalimenta: lo que creemos afecta lo que pensamos y lo que pensamos fortalece lo que creemos.

Cuando este diálogo interno consiste en un autosabotaje sus efectos influyen profundamente en el desarrollo personal, en la percepción que tenemos de nosotros mismos, en cómo interactuamos con el mundo, en nuestras aspiraciones y en nuestra capacidad para alcanzar metas. Esta influencia crea un ciclo vicioso de fracaso, baja autoestima y oportunidades perdidas (como le ocurrió a nuestro tenista), reforzando todavía más las creencias limitantes y los mecanismos de defensa que originaron el autosabotaje.

Cuando Andre Agassi creía que no era lo suficientemente bueno se fue autosaboteando hasta realmente no serlo, y cuando empezó a cuestionar sus creencias y trabajar en ellas, logró creer en sí mismo y en sus capacidades, lo que hizo que fuera de nuevo campeón en el mundo del tenis.

Entonces, ¿creamos lo que creemos o, dicho de otro modo, si lo crees lo creas? Sin llegar a los extremos de la psicología naíf, podríamos decir que, en buena parte, si creemos en algo firmemente esto influye en cómo vemos el mundo y en cómo actuamos, lo cual a su vez hace que esas creencias se vuelvan realidad en nuestras vidas. En otras palabras, lo que pensamos y en lo que creemos influye en lo que nos sucede.

Un ejemplo muy claro y sencillo del poder que tienen nuestras creencias es el conocido efecto placebo. Cuando una persona afectada de alguna dolencia cree firmemente que el tratamiento que está tomando es curativo, aunque este no tenga ninguna capacidad sanadora, los síntomas que manifiesta pueden llegar a reducirse considerablemente en muchos casos. En estudios donde se investigaban tratamientos para el dolor, por ejemplo, los grupos que tomaban el tratamiento placebo creyendo que tomaban analgésicos reales, sentían que su dolor llegaba a reducirse hasta en un 30 por ciento y en ensayos de medicamentos antidepresivos se vio que, en algunos casos, el efecto placebo podía ser responsable de hasta el 50 por ciento de la respuesta positiva al tratamiento.

Basado en el mismo mecanismo que el placebo, con el nocebo ocurre el efecto contrario. Cuando a un paciente se le informa sobre los posibles efectos adversos de un medicamento es mucho más probable que termine experimentando dichos efectos que si no hubiera sido informado de ellos.

La moraleja es que nunca debemos leer los prospectos de los medicamentos. (Léase irónicamente. O no).

4

¿Cómo identificar tus creencias?

La realidad es simplemente una ilusión, aunque una muy persistente.

Albert Einstein

Lo que creemos sobre cómo es el mundo, las personas que nos rodean o cómo somos nosotros mismos influye de manera drástica en la forma en la que vivimos y sentimos. Si crees firmemente en que tienes buena capacidad para hablar en público, cuando estés frente a un grupo de personas te comunicarás con confianza; si crees que eres mal conductor, te pondrás nervioso al volante y probablemente provoques situaciones peligrosas; si crees que eres atractivo, interaccionarás con seguridad y confianza en tus flirteos, y si crees que eres un pésimo amante, probablemente te condicione de manera muy negativa a la hora de desempeñarte en la cama. Es lo que se conoce como «el efecto Pigmalión».

Sin embargo, no todas las percepciones negativas sobre nosotros mismos son incorrectas; algunas pueden estar basadas en verdaderas limitaciones. La clave es reconocer cuáles de nuestras creencias negativas son exageraciones y cuáles tienen algún fundamento real. De esta forma, podemos minimizar el impacto de estas creencias realistas y ajustar las que están distorsionadas para mejorar nuestra manera de vivir y de relacionarnos con los demás.

Creencias realistas y distorsionadas, limitantes y empoderantes

A menudo, tenemos creencias negativas distorsionadas, es decir, que no son ciertas, pero nos limitan de todas formas. Estas son sobre las que tenemos que actuar. Pero surge aquí un dilema importante: ¿cómo podemos saber si son distorsionadas o si, realmente, son cosas que no se nos dan bien, defectos o carencias que de verdad tenemos?

Cuando hacía neurorrehabilitación de pacientes con daño cerebral, causado por un accidente cerebrovascular o un traumatismo craneoencefálico, trabajar la aceptación era un objetivo fundamental de la terapia. Estos pacientes pierden algunas funciones cerebrales tan importantes como la capacidad de hablar, la movilidad o las que le permitían dedicarse a su profesión, y en muchas ocasiones esas funciones no se recuperan. En ese ámbito, no se trabaja con psicología naíf, esto es, no le decimos al paciente «Si puedes soñarlo, puedes crearlo», ni «Solo necesitas creer en ti mismo para lograr lo que te propongas», ni «Solo tus creencias limitan tus sueños».

Primero, porque asumir que el éxito del tratamiento depende completamente del paciente no es realista. Los resultados dependen en gran medida de aspectos neurológicos fuera de su control. Y, segundo, porque eso podría repercutir muy negativamente en el bienestar emocional de la persona si se siente responsable de no alcanzar ciertos resultados.

Cuando existe una carencia, una dificultad o un problema real, hay que trabajar en la aceptación y ver cuál es la mejor forma de seguir afrontando la vida aceptando aquello que ahora somos y, como es el caso de un daño irreversible, despidiéndonos de aquello que ya nunca más seremos. Es un proceso de aceptación y de duelo nada sencillo.

Pero la vida pocas veces se nos presenta de manera dulce y amable. Nos llega amarga y cruda, y no nos queda más alternativa que afrontarla tal cual. Y parte de esta crudeza consiste en aprender a convivir con lo que no nos gusta de nosotros (o de la vida) y aceptar las dificultades y nuestras carencias. Esto es así.

Pero ¿cómo podemos saber si nuestras creencias están distorsionadas y nos están limitando o si son realistas y debemos aceptarlas?

Una buena forma de diferenciarlas es teniendo en cuenta qué caracteriza a unas y otras y formulándonos las preguntas adecuadas. Aquí te presento un cuadro bastante aclarador.

	CREENCIA DISTOR-SIONADA	CREENCIA REALISTA	PREGUNTA CLAVE
EVIDENCIA	Se basa en percepciones subjetivas o experiencias pasadas negativas más que en hechos objetivos.	Está respaldada por evidencia objetiva y experiencias reales.	¿Tengo pruebas concretas que respaldan esta creencia, o se basa principalmente en miedos y suposiciones?
FLEXIBILIDAD	Suelen ser creencias rígidas y no dejan opción a otras opciones, y absolutas, por que dejan poco espacio para el crecimiento o el cambio.	Es adaptable y puede ajustarse con nuevas informaciones o habilidades.	¿Esta creencia ha permanecido inalterable a lo largo de los años a pesar del cambio de mi situación, habilidades o crecimiento?
ORIGEN	Se origina en comentarios negativos de otros, experiencias pasadas de fracaso o mensajes culturales/ sociales restrictivos.	Suele formarse a partir de una autoevaluación honesta y constructiva, incluyendo retroalimentación objetiva de fuentes confiables.	¿De dónde viene esta creencia? ¿Se basa en mi propia evaluación o en opiniones ajenas?

	CREENCIA LIMITANTE	CREENCIA EMPODERANTE	PREGUNTA CLAVE
IMPACTO EN COMPORTA-MIENTO	Te desmotiva, te hace evitar desafíos o te lleva a subestimar tus capacidades.	Te motiva a esforzarte, a aprender de los errores y a superar desafíos.	¿Cómo afecta esta creencia a mi comportamiento y a mi enfoque hacia los objetivos y desafíos?
IMPACTO EMOCIONAL	Genera miedo, inseguridad o frustración.	Fomenta una actitud positiva hacia el aprendizaje y el crecimiento, incluso ante el fracaso.	¿Esta creencia me hace sentir empoderado y capaz de mejorar, o me siento atrapado y desespe-ranzado?

Otra buena manera de contrastar tus creencias es ha-blándolo directamente con tus verdaderos amigos, aque-llos que sabes que te dicen las verdades, aunque sean do-lorosas. No sirve preguntarle al que siempre te da la razón o quiere complacerte, debes preguntarle a aquel que sabes que va a ser franco contigo, a pesar de lo que pueda mo-lestarte. Es difícil tener (o, concretamente, mantener) este tipo de amistades, pero, créeme, son las que más valen la pena.

Otra opción es preguntarle a un profesional que pueda darte una evaluación objetiva de tus habilidades.

Todas aquellas creencias que no sean realistas o que son limitantes son en las que debemos centrarnos porque están condicionando fuertemente de forma negativa nuestra capacidad para alcanzar metas, nuestras decisiones, relaciones, estilo de vida y emociones. Ahora bien, para ello debemos saber cuáles son nuestras creencias.

Probablemente, ahora mismo sepas cuáles son algunas de ellas, pero te aseguro que hay muchísimas más de las que no eres consciente y están influyendo en tu vida.

¿Cuáles son tus creencias?

No podemos cambiar aquello de lo que no somos conscientes. Por eso es necesario identificar nuestras creencias y, para ello, a continuación encontrarás unos cuantos ejercicios que te ayudarán a hacerlo para, luego, poder cuestionártelas y trabajar sobre las que necesites hacerlo.

El primer ejercicio es una serie de preguntas que te recomiendo que respondas en un momento tranquilo, donde te sientas en calma y no vayas a ser interrumpido. Además, si es posible, te aconsejo fervientemente que anotes las respuestas. Las preguntas son las siguientes:

- ¿Qué cosas consideras absolutamente verdaderas sobre ti mismo?
- ¿En qué aspectos de tu vida sientes que tienes control total?
- ¿Y en cuáles no?
- ¿Qué es para ti el éxito y qué crees que se necesita para alcanzarlo?

- ¿Qué es para ti fracasar?
- ¿Qué frases repites a menudo sobre tus capacidades o limitaciones? (Por ejemplo, «Siempre me ha sido difícil aprender cosas nuevas» o «Soy bueno solucionando problemas»).
- ¿Qué piensas sobre el envejecimiento?
- ¿Y sobre la muerte?
- ¿Qué es para ti la felicidad y qué consideras necesario para ser feliz?
- ¿Crees en el perdón y la reconciliación en las relaciones?
- ¿Cómo manejas los conflictos en tus relaciones?
- ¿Qué crees sobre la espiritualidad o la religión?
- ¿Cómo describirías tu pasado?
- ¿Cómo te sientes ahora mismo respecto al futuro?
- ¿Cómo es tu vida ahora?

El siguiente ejercicio consiste en que pienses en una decisión importante que hayas tomado recientemente y escribas los motivos por los que la tomaste y las creencias que identifiques que influenciaron tu elección.

El tercer ejercicio que te propongo se basa en que elijas un área de tu vida donde sientas que no estás viviendo a tu máximo potencial y que te preguntes «¿por qué?» repetidamente hasta que llegues a una creencia subyacente. Es muy probable que necesites como mínimo cinco «porqués».

Te pongo un ejemplo:

Problema inicial: No estoy comiendo de forma saludable.

- ¿Por qué? Porque no planifico mis comidas con anticipación.
- ¿Por qué no planifico mis comidas con anticipación?
- Porque siempre estoy ocupada y siento que no tengo tiempo para planificar o preparar comidas sanas.
- ¿Por qué siempre estoy ocupada y siento que no tengo tiempo?
- Porque priorizo mi trabajo y otras responsabilidades sobre mi bienestar personal.
- ¿Por qué priorizo mi trabajo y otras responsabilidades sobre mi bienestar personal?
- Porque creo que el éxito profesional y cumplir con mis responsabilidades es más importante que cuidar de mi salud.
- ¿Por qué creo que el éxito profesional y cumplir con mis responsabilidades es más importante que cuidar de mi salud?
- Porque en el fondo, tengo miedo de no ser lo suficientemente buena y creo que lograr más en mi trabajo me hará sentir más valiosa.

Creencia subyacente identificada: Tengo miedo de no ser lo suficientemente buena, y compenso ese miedo con el éxito profesional y el cumplimiento de responsabilidades en lugar de cuidar mi bienestar personal y mi salud.

Como último ejercicio, te sugiero revisar tu infancia y tratar de recordar los mensajes que recibiste, explícita o implícitamente, sobre cómo deberías ser (o no ser) y actuar tanto dentro de casa como fuera, con las amistades, en las relaciones sexo-afectivas, en el trabajo y contigo mismo.

Estos son solo algunos de los ejercicios que te ayudarán a identificar tus creencias. Descubrirás que algunas son negativas y otras, positivas; algunas son limitantes y otras, empoderadoras; y algunas pueden ser realistas y otras, distorsionadas.

Cuando hayas realizado estos ejercicios, habrás conocido una parte de ti que nunca antes habías descubierto, y tu autoconcepto no será el mismo que tenías antes de empezar a leer este libro.

5

¿Por qué nos autosaboteamos?

Es imposible vivir sin fallar en algo, a menos
que vivas con tanto cuidado que podrías no
haber vivido en absoluto, en cuyo caso, fa-
llaste por defecto.

J. K. ROWLING

Hace unos años me miraba al espejo y me repetía lo gorda y
fea que estaba. Nariz grande, frente amplia, más barriga de
la que deseaba y unas piernas gruesas y más cortas de lo que
me gustaría. Cada vez que me observaba en el espejo miraba
únicamente estas partes de mi cuerpo, me las agarraba con
las manos y moldeaba su forma, metía la barriga para dentro, me observaba desde una y mil perspectivas para ver desde cuál me veía menos horrible. Escudriñaba con mis ojos
cada centímetro de mi cuerpo para descubrir (o inventar) cada vez más imperfecciones... «Me está saliendo pa-

pada», «¿Y estas arrugas en la frente?», «¿Por qué no tengo los dientes más blancos?», «Tengo los pechos muy caídos»...

Catorce años tenía. Catorce. Ninguna niña de catorce años tiene los pechos caídos. Tampoco tenía papada, ni las piernas gruesas, ni los dientes amarillos. Las piernas cortas sí, siempre las he tenido y mi barriga tiene, sencillamente, una curva de barriga.

Y tenía, también, un grado de hiperexigencia y autocrítica bastante elevado sobre mí misma. Lo que veía en el espejo me resultaba inadmisible. Tenía amigos y amigas gordos, flacos, altos, bajos, miopes, bizcos, cojos, con papada y sin papada. Y me parecían las personas más maravillosas del mundo. Pero en mí eso era completamente intolerable.

Para corregir todos esos «defectos inaceptables» empecé a hacer ejercicio compulsivamente y a vomitar lo que comía, pensando que era la solución a mis problemas. Un año más tarde me diagnosticaron un trastorno de la conducta alimentaria y me recetaron Prozac.

Nunca fui muy amiga de los psicofármacos, así que decidí no seguir con la medicación que me había recetado el psiquiatra (lo cual no es una recomendación generalizada) y me comprometí firmemente a ir a terapia psicológica.

Tuve que entrenar mucho mi mirada para que dejara de fijarse en el espejo únicamente en aquello que no me gustaba y observara también el color verde de mis ojos, mi frondosa melena, la curvatura que dibujaba mis caderas y lo bien definidos que estaban mis gemelos. Tuve que recordarme una y mil veces que tenía el mismo derecho que mis amigas a no ser perfecta y que el mundo (o por lo menos el mundo que me interesaba tener a mi alrededor) me querría no por cómo era por fuera, sino por lo que era capaz de entregar desde mis adentros. Trabajé mi diálogo interno, las palabras que yo misma me decía frente al espejo. Me obligué a observarme desnuda, a mirar cada fallo, cada imperfección, cada cosa que no me gustaba de mí misma y a aceptar que aquello también era yo y formaba parte de mí.

Eso, y un accidente de tráfico que me dejó con varias cicatrices en el cuerpo, hizo que terminara de aceptar y amar a mi cuerpo. Supongo que la amenaza de perderlo te da una sacudida haciéndote apreciar el milagro de estar viva y de tener un cuerpo funcional. Mucho por lo que agradecer.

Ahora observo esas cicatrices y, lejos de hacerlo con la mirada crítica con la que me miraba años atrás, recuerdo lo bello que es tener un cuerpo y poder moverlo. Y estar. Sobre todo, me recuerdo la dicha de poder estar.

Me miro al espejo y lo único que trato de corregir es mi mirada cuando se va directa hacia la arruga, hacia las canas o hacia los pechos. Todo eso es mío, forma parte de mí, de mi cuerpo, el que me permite seguir aquí, respirando, moviéndome, bailando y haciendo el amor. Me permiten vivir, que no siempre es sinónimo de estar viva, y a eso me acojo.

Mi diálogo interno ha cambiado y eso ha hecho que la relación conmigo misma también lo haya hecho.

Este es un ejemplo de autosabotaje bastante común, sobre todo en adolescentes. Pero existen muchas, muchísimas formas diferentes, de autosabotearse.

El autosabotaje como hábito

El mayor estudio de la felicidad que se ha hecho a lo largo de la historia concluyó que lo que determina nuestro bienestar es la calidad de las relaciones que construimos. Y la base de todo vínculo, es decir, lo que determina en gran medida que este sea de buena o «mala» calidad, es la comunicación que establecemos con la otra persona. A través de lo que decimos y cómo lo decimos se va definiendo la relación: si hablamos desde el respeto, la empatía y la asertividad, creamos relaciones sanas; si, por el contrario, hablamos con desprecio, desconsideración y agresividad formamos vínculos tóxicos y dañinos y es necesario que, rápidamente, marquemos límites o nos alejemos de quien nos hace daño.

Sin embargo, cuando hablamos de establecer relaciones, a menudo nos referimos únicamente a las que formamos con los demás olvidando que con nosotros mismos también creamos una. De hecho, es la más importante de todas y, paradójicamente, a la que menos atención prestamos.

Somos con quienes más conversamos, con quien más

debatimos, con quien más negociamos, con quien más evaluamos lo que hemos hecho, con quien más analizamos el pasado y con quien más planificamos el futuro. Nuestra voz interna es el comentarista de nuestra propia partida, y ese comentarista puede hacer de un mismo juego un rato muy agradable o algo completamente insoportable; incluso puede ser la voz que nos aliente a ganar o la que nos desmoralice hasta ver cómo perdemos por goleada.

No obstante, ¿quién le marca los límites a nuestra propia voz interior cuando esta nos habla desde la exigencia, la desconsideración y la falta de compasión? ¿Quién, sino únicamente nosotros, puede (y debe) frenar ese diálogo hiriente y destructivo?

Hemos aprendido a decir «¡basta!» a quien nos habla y nos trata mal, pero nadie nos ha enseñado a decirnos «¡basta!» a nosotros mismos cuando nos convertimos en nuestros propios maltratadores.

Si exigimos respeto a los demás, pero internamente nos lo perdemos, de nada sirve.

He aquí las maneras más comunes que las personas tenemos de automaltratarnos o autosabotearnos.

Autocrítica excesiva

La autocrítica es un arma de doble filo. Puede ser muy positiva cuando es constructiva, es decir, cuando está bien argumentada, es compasiva con uno mismo y tiene la función de ayudarnos a mejorar. Ahora bien, cuando esta crítica es desproporcionada, muy dura, poco realista o se expresa con palabras hirientes, se convierte en destructiva y puede llegar a hundirnos.

Por extraño que parezca, muchas personas pueden ser amables y comprensivas en extremo con los demás e increíblemente duras y críticas consigo mismas (y además, no darse cuenta de ello). Y es que cuando tenemos patrones de pensamiento negativos profundamente arraigados debido a creencias limitantes, miedos o experiencias pasadas, podemos llegar a ser en exceso intolerantes con nosotros mismos.

La autocrítica mal gestionada tiene un alto precio. Un elevado nivel de autocrítica es un rasgo común en personas con trastornos de ansiedad, trastorno obsesivo compulsivo, trastornos de la conducta alimentaria y otros trastornos de la personalidad. Si bien no es una causa directa de todos estos trastornos, sí desempeña un papel crucial en su desarrollo y mantenimiento, ya que retroalimenta las creencias negativas sobre uno mismo y muchas veces disminuye la capacidad para hacer frente a los problemas.

Conflictos en relaciones

No solamente aprendemos a hablarnos en función de lo que percibimos de nuestras figuras más importantes en la infancia, sino que muchas veces desarrollamos autodiálogos destructivos por experiencias pasadas o miedos. Sin que seamos plenamente conscientes de ello, desarrollamos mecanismos de defensa para protegernos de volver a sufrir como lo hicimos en el pasado o como imaginamos que podríamos hacerlo en el futuro.

Este era el caso de Gloria, una paciente con un profundo miedo a ser abandonada por su pareja, ya que en su primera relación sentimental su novio cortó la relación inesperadamente y ella lo vivió como un abandono. El dolor que sintió en aquella experiencia, hizo que desarrollara un mecanismo de defensa para protegerse de volver a pasar por el mismo dolor. Cada vez que conseguía cierta estabilidad en sus relaciones, ella provocaba conflictos sin que ni siquiera ella misma supiera el porqué. Creaba discusiones y enfrentamientos con su pareja por nimiedades, saboteando así sus relaciones y evitando la posibilidad de ser abandonada. Su comportamiento, aunque inconsciente, era un intento de controlar el dolor de un rechazo anticipado.

Sería algo así como «autosabotear mi relación duele, pero que me abandonen sería peor, por lo que si yo misma soy la que evito que la relación funcione nunca seré abandonada».

El miedo al fracaso, al abandono o a la crítica son motivos frecuentes por los que desarrollamos un diálogo interior que nos lleva a provocar conflictos innecesarios en nuestras relaciones como mecanismo de defensa ante aquello que tanto tememos. Esta es una manera (poco efectiva) de afrontar el miedo y evitar el dolor. Y, aunque se desarrolla como mecanismo para protegernos, aplicarlos en cualquier situación, sin que haya un peligro real, termina convirtiéndose en una forma de autosabotaje que nos impide alcanzar nuestros objetivos y daña nuestras relaciones o bienestar.

Hiperexigencia

La exigencia es como cualquier remedio. En su justa medida es beneficiosa, pero si nos excedemos, puede convertirse en un veneno. Dijo Albert Camus que la hiperexigencia es el arte de pedir lo imposible a uno mismo y de maltratarse si no se alcanza. Y es que ser autoexigentes nos permite crecer y superar obstáculos, pero, si lo somos demasiado, puede llevarnos a una eterna insatisfacción y agotamiento.

Cuando somos incapaces de reconocer nuestros logros porque nunca son suficientes, no valoramos los pequeños avances y solo nos centramos en lo que aún no hemos conseguido, estamos siendo hiperexigentes, perpetuando una sensación de insuficiencia.

Las personas hiperexigentes consigo mismas se sienten continuamente estresadas porque nunca llegan los resultados que desean o cuando los alcanzan, no se detienen a reconocérselo porque ya tienen nuevos proyectos en mente que conseguir. Esta mentalidad va alimentando un autoconcepto negativo que repercute en su autoestima y estado de ánimo.

Procrastinación

La procrastinación es una forma de autosabotaje muy propia, paradójicamente, de personas con un elevado nivel de autoexigencia y perfeccionismo. Estas suelen tener un miedo profundo al fracaso y a que las cosas no salgan todo lo bien que desean y, para evitar que ello ocurra, cada vez que tienen que enfrentarse a una nueva oportunidad o desafío, encuentran maneras de posponer o evitar tomar la acción diciéndose a sí mismas que lo harán cuando se sientan más preparadas o cuando sea el momento oportuno. Y es que la excelencia es, a menudo, enemiga de la consecución de metas. Suele ocurrir al empezar una dieta, hacer ejercicio, cambiar de carrera profesional, proponerse metas personales o establecer nuevos hábitos.

Este diálogo interno procrastinador es una forma de protegerse del potencial fracaso y la crítica que tanto temen. Sin embargo, de esta forma no solo se impiden a sí mismas alcanzar sus metas, sino que a la vez están reforzando la creencia de que no son capaces o suficientes, perpetuando el ciclo de autosabotaje.

Necesidad de aprobación

Buscar el visto bueno de los demás es algo que todos hacemos en mayor o menor medida. De hecho, es algo propio de las personas mentalmente sanas. La búsqueda de aprobación nos ha ayudado a sobrevivir como individuos ya que, al ser seres gregarios, necesitamos del grupo para sobrevivir y la aprobación de los demás es lo único que nos garantiza poder seguir formando parte del grupo. En otras palabras, la aprobación externa (y consecuente aceptación en grupo) asegura nuestra supervivencia.

Por ello en nuestro cerebro existen unas áreas concretas que se activan cuando recibimos esa aprobación. Son las áreas que forman el circuito de la recompensa, donde la dopamina desempeña un papel importante, y son las mismas áreas que se activan también cuando recibimos dinero, mantenemos sexo, consumimos drogas o comemos algo que nos gusta. Este es, además, el principal mecanismo por el que los «likes» en redes sociales generan tanta dependencia, pero eso es harina de otro costal.

De nuevo, el veneno está en la dosis. Una dosis adecuada de necesidad de aprobación es sana y necesaria, una dosis baja es síntoma de psicopatía, y una dosis muy elevada nos convierte en dependientes y sumisos.

Vivir por y para el «like» ajeno y preguntarnos constantemente «¿Qué pensarán de mí?», dándole más importancia que a lo que nosotros mismos pensamos, produce altos niveles de ansiedad, inseguridad y nos lleva a tomar decisiones que no deseamos, lo cual nos hace sentirnos insatisfechos con nosotros mismos y nuestra vida.

Debemos interiorizar que jamás llueve a gusto de todos y que hagamos lo que hagamos siempre habrá alguien que lo critique, a quien no le guste o a quien le decepcione. Lo importante es que ese alguien no seamos nosotros mismos.

Depender de lo que piensen los demás y machacarnos internamente por lo que creemos que pueden estar pensando es una forma de autosabotaje, de no permitirnos ser quienes realmente somos y tomar las decisiones que verdaderamente queremos tomar.

Resistencia al cambio

Mucho es criticada la zona de confort: es aburrida, limitante, poco motivante y no nos impulsa a crecer ni a expandirnos. No obstante, tiene una ventaja que a menudo compensa todos los inconvenientes: es familiar. Y aunque este hecho no significa que esté libre de peligros y riesgos, son, «al menos», peligros y riesgos que ya conocemos.

Salir de esa zona implica explorar territorio desconocido y eso significa activar nuestro sistema de alerta, es decir, activar ciertas áreas muy vinculadas con el miedo, el estrés y la ansiedad. Y eso no nos gusta.

Nuestro cerebro está diseñado para evitar riesgos (recordemos que su función es mantenernos vivos, no felices), por eso, solemos presentar resistencia al cambio y a lo desconocido como mecanismo de defensa estando como estamos diseñados para protegernos de posibles peligros. Pero recordemos también que este mecanismo de defensa se creó hace, como mínimo, cincuenta mil años, cuando era útil y práctico. Hoy día, los peligros que enfrentamos distan mucho de aquellos a los que debían hacer frente el *Homo sapiens* de aquel entonces.

Lo que nos era útil en el Paleolítico no lo es en el presente. En la actualidad, resistirnos al cambio y a salir de la zona de confort nos trae más perjuicios que beneficios, principalmente porque nos perdemos oportunidades de aprendizaje y crecimiento que vienen con nuevos desafíos. Ello puede llevarnos a sentirnos estancados, insatisfechos y a tener una percepción de nosotros mismos negativa.

Pensamiento anticipatorio negativo

Muy relacionada con la resistencia al cambio, también fruto del mecanismo de supervivencia del cerebro, está la tendencia a enfocarnos solo en lo negativo y a esperar el peor resultado posible. Estar continuamente alerta frente a los peligros potenciales era esencial para sobrevivir entre salvajes animales carnívoros, pero hoy no lo es. Es más, anticipar desastres y creer que estamos destinados al fracaso es, en la actualidad, una forma de autosabotearnos:

limita nuestra capacidad para perseguir nuestras metas y aprovechar las oportunidades que se nos presentan, al tiempo que nos genera un malestar y sufrimiento constante.

Este tipo de pensamientos catastróficos tienen principalmente dos consecuencias: la profecía autocumplida y la parálisis por análisis.

La profecía autocumplida se da cuando nuestras expectativas sobre una situación o sobre nosotros mismos influyen en nuestro comportamiento de tal forma que hacemos que esas expectativas se vuelvan realidad. En otras palabras, si creemos firmemente que algo va a suceder, ya sea bueno o malo, es probable que actuemos de manera que, sin darnos cuenta, conduzcamos la situación hacia ese resultado esperado.

Esto ocurre porque nuestras expectativas afectan nuestras acciones, decisiones y la forma en que interpretamos la información. Por ejemplo, si alguien cree que no es bueno socializando y anticipa que va a fracasar en una interacción social, es posible que, si continuamente se está repitiendo eso a sí mismo, se muestre nervioso, retraído o incluso evite por completo situaciones sociales, lo cual provocará que las interacciones sean incómodas o que, directamente, no se den y no pueda desarrollar sus habilidades sociales. Esto reforzará la creencia original de incapacidad para socializar, haciendo que la profecía se cumpla.

Por otro lado, otra de las consecuencias más sufridas del pensamiento catastrófico es la parálisis por análisis, es decir, un estado en el que evitamos tomar cualquier decisión por estar continuamente reflexionando sobre las posibles consecuencias de una acción. Esto puede ocurrirnos cuando enfrentamos decisiones importantes y, por miedo a cometer errores o por la incertidumbre de los resultados, pensamos demasiado, sobrepensamos.

Sin duda, necesitamos sopesar bien los posibles escenarios en los que podemos encontrarnos tras tomar una decisión, pero sopesar bien no significa necesariamente sopesar mucho. «Mucho» a veces es «demasiado» y «demasiado» no es «bien». «Bien» también implica «en su justa medida».

6

Pienso como me hablo; me hablo como pienso

El hombre no es otra cosa que lo que se hace a sí mismo.

Jean-Paul Sartre

Ana era una enfermera muy cuidadosa, amable, cariñosa con sus pacientes y buena compañera. Sin embargo, su diálogo interno era sorprendentemente duro y crítico con ella misma. Cuando cometía un error, incluso uno menor, se castigaba con dureza durante días y se decía cosas como «¿Cómo se puede ser tan tonta?» o «Eres idiota», llegando incluso a ridiculizarse a sí misma. Ana es un ejemplo de cómo se puede ser extremadamente amable y comprensiva con los demás, pero increíblemente dura y crítica con una misma sin siquiera darse cuenta de ello.

Este es el primer desafío con el que me suelo encontrar en terapia con las personas que se hablan mal a sí mismas: no son conscientes de que se hablan mal. Si uno no tiene conciencia de que hay algo que le hace daño y necesita cambiar, no puede cambiarlo. Por lo tanto, el primer paso para transformar nuestra voz interior es reconocer su naturaleza.

Existen tres métodos efectivos para ello: la psicoeducación, la autobservación y la meditación.

Educarse para liberarse

La psicoeducación consiste en descubrir y entender cómo funcionan los procesos psicológicos. Este aprendizaje es precisamente lo que estás haciendo desde que has iniciado la lectura de este libro, por lo que seguir haciéndolo y llegar hasta el final es un método eficaz para mejorar tu diálogo interior.

En el primer capítulo hablamos sobre los diferentes tipos de diálogos y en el capítulo anterior, sobre los diferentes tipos de autosabotaje. Conocer esto te permitirá ser consciente de qué tipo de diálogo o de autosabotaje mantienes contigo mismo y en qué medida.

Identificar y ponerle nombre a lo que pensamos o sentimos es, en sí mismo, terapéutico. Es lo que se conoce como «afectación neural de la regulación emocional por medio de la etiquetación verbal». Este conjunto de palabrejas es como el psicólogo Mattheu Lieberman y sus colegas denominaron al hecho de que solo con nombrar nuestras emociones se vea reducida la intensidad de estas.

En el estudio que llevaron a cabo, utilizaron imágenes por resonancia magnética funcional (fMRI) para observar la actividad cerebral de los participantes y observaron que al etiquetar las emociones (en ese caso era el miedo), es decir, al ponerle nombre a lo que sentían, se reducía la actividad de la amígdala (relacionada con el miedo) y aumentaba la actividad de la corteza prefrontal (asociada a la regulación de emociones). Ello conducía a minimizar la intensidad de esta emoción.

En otras palabras, los participantes que al sentir miedo se decían a sí mismos «Estoy sintiendo miedo» empezaban a reducir la intensidad de este y se regulaban mucho mejor que los que no le ponían nombre a su emoción.

Del mismo modo ocurre con nuestro diálogo interno y los patrones de autosabotaje. Cuando identificamos y ponemos nombre a lo que estamos pensando o nos estamos diciendo (especialmente cuando lo hacemos de una forma dura, crítica y cruel) somos más conscientes de ello y nos permite tomar cierta distancia psicológica. Y es, tomando esta distancia, cuando podemos evaluar de una forma más objetiva si lo que nos decimos es válido, útil, justo o coherente. Y si no lo es, podremos actuar.

Por ejemplo, si nos criticamos duramente y somos capaces de decir «Me estoy criticando duramente», nuestra autocrítica empezará a disminuir; si anticipamos negativamente un evento y decimos «Me estoy anticipando a tal cosa», esta anticipación se reducirá. Esto es aplicable a todos los patrones de autosabotaje previamente mencionados.

Reconocer nuestros pensamientos y diálogos internos no es sencillo porque lo realmente difícil es darse cuenta de cuándo uno está teniendo ese tipo de pensamientos o de diálogo. Por lo general, si no lo verbalizamos en voz alta y un amigo o terapeuta nos dice «Oye, estás siendo muy duro contigo mismo», no nos damos cuenta de ello.

Por eso, para percibir y modificar la manera en la que nos hablamos a nosotros mismos, es necesario usar herramientas de metapensamiento, que es otra palabreja que los psicólogos utilizamos para designar la capacidad humana de pensar sobre lo que pensamos.

Los tres príncipes de Serendip

Un ejercicio muy útil que suelo recomendar a mis pacientes en terapia para explorar cómo es su diálogo interno es escribir diariamente durante una o dos semanas en un diario. Les pido que escriban qué han hecho y cómo se han sentido a lo largo del día.

Escribir es una de las herramientas más eficaces de metacognición que existen porque permite externalizar nuestros pensamientos y, así, poder reflexionar y analizarlos con mayor facilidad.

Para no usar palabrejas técnicas en mis sesiones, prefiero usar el término «serendipia» en lugar de referirme a la escritura como herramienta metacognitiva. Este término no solo es más persuasivo, sino que también tiene una encantadora historia detrás.

«Serendipia» proviene de un cuento de hadas persa titulado *Los tres príncipes de Serendip*, donde los protagonistas, los príncipes de la isla de Serendip (la actual Sri Lanka), van descubriendo cosas maravillosas de forma accidental mientras, realmente, buscaban otras.

Llamo «acciones serendipia» a aquellas actividades que, al llevarlas a cabo, nos hacen descubrir cosas que no esperábamos encontrar, como sucede con la escritura, donde descubrimos «accidentalmente» muchos detalles de nuestro pensamiento que, de otra forma, hubiera sido muy difícil conocer.

Al dedicar cinco o diez minutos diarios a escribir sobre lo que hemos hecho a lo largo de la jornada, inevitablemente vamos plasmando también pensamientos y sentimientos. Y tanto estos en sí mismos como la forma que tenemos de expresarlos sobre el papel nos van desvelando nuestras creencias y cómo nos las explicamos a nosotros mismos, es decir, nos revela la forma en la que nos hablamos.

Cuando Ana comenzó a desarrollar el hábito de escribir no era consciente de cómo se dirigía a sí misma. A medida que fueron pasando las semanas, al revisar lo escrito en nuestras sesiones, empezó a darse cuenta del tono cruel y agresivo de su diálogo interno.

Por ejemplo, tras una cita que tuvo con un chico, explicaba que se había sentido muy ilusionada cuando esta acabó, pensaba que todo había ido bien, pero el chico jamás volvió a contestar sus mensajes ni a ponerse en contacto con ella.

En su diario escribió: «¡Qué idiota! ¿Cómo pude pensar que le gustaría seguir viéndome? Con estas piernas, este culo, esta barriga... ¿A quién voy a gustarle? Soy ridícula».

Le pregunté: «Imagina que tu mejor amiga te cuenta que ha tenido una cita y que el chico hizo *ghosting*. ¿Le dirías lo mismo que te dijiste a ti misma?».

Ella respondió: «Jamás».

Proseguí: «¿Y qué harías si una amiga te respondiera que eres ridícula por creer que podrías gustarle a alguien con ese cuerpo?».

Ella contestó: «Alguien que me dijera eso no podría considerarse mi amiga, sino todo lo contrario».

Le dije: «Exactamente, Ana, no estás siendo tu amiga, sino tu peor enemiga».

En ese momento se dio cuenta realmente de lo mal que se hablaba y de la influencia que podía estar teniendo el estar continuamente escuchando esa voz burlona y cruel que la machacaba y ridiculizaba durante todo el día en su cabeza.

Desde entonces, empezamos a trabajar en cambiar la naturaleza de su diálogo interno. Hoy, Ana es tan asertiva, amable y compasiva consigo misma como lo es con los demás. Reconoce sus limitaciones sin castigarse, se anima a mejorar cuando es necesario, valora sus virtudes y celebra sus logros. Identifica rápidamente cuándo está siendo demasiado cruel o exigente consigo misma y reconduce su diálogo interno en consecuencia.

Meditar para descubrir

El tercer método para descubrir la naturaleza de nuestros monólogos internos es a través de la meditación y los ejercicios de mindfulness o atención plena. Esta práctica es crucial para ser conscientes de nuestros pensamientos y diálogos internos, sobre todo cuando se realiza a través de meditaciones guiadas enfocadas específicamente en este propósito.

Este tipo de meditaciones consiste en colocarse en una postura cómoda en un entorno tranquilo y silencioso, sin ningún tipo de estímulo distractor. El objetivo es simplemente observar los pensamientos que fluyen libremente, sin intentar detenerlos o alterarlos. Sin crítica ni juicio, tan solo observar.

Un ejercicio que puede ayudarnos es visualizar estos

pensamientos como nubes en el cielo que van pasando por encima de nosotros mientras las observamos relajadamente desde abajo, mientras nos mecemos en una hamaca o tumbados a la sombra de un árbol en un campo un día de primavera.

Visualizarnos en un estado de relajación mientras vemos pasar los pensamientos en forma de nubes nos permite contemplar lo que pensamos y lo que nos decimos a nosotros mismos de forma relajada y con distancia emocional.

Con esta práctica nos hacemos más conscientes de lo que nos pasa por la mente y de la forma que tenemos de hablarnos, pero los estudios de neuroimagen han mostrado que la meditación reduce la actividad de las partes de nuestro cerebro que se activan cuando divagamos o nos preocupamos sin parar. También refuerza las áreas cerebrales que nos ayudan a prestar atención y controlar nuestras emociones, reduce la actividad en las partes del cerebro que manejan el miedo y la ansiedad y así nos permite manejar mejor nuestros sentimientos más difíciles de gestionar.

La práctica constante y frecuente de meditación nos lleva a poder responder con calma ante situaciones estresantes, lo cual se ve reflejado en la forma en la que nos tratamos a nosotros mismos en esas ocasiones. Es la clave que nos lleva a identificar pensamientos y a decirnos: «Me estoy criticando duramente» o «Me estoy anticipando a tal cosa», para así poder modificar el auto-diálogo y también reducir el impacto negativo que nos genera.

SEGUNDA PARTE

CÓMO INFLUIR
EN TU DIÁLOGO INTERIOR

7

Cómo distanciarse emocionalmente

> Mirada de cerca, la vida es una tragedia, pero
> vista de lejos, parece una comedia.
>
> CHARLES CHAPLIN

Hugo había averiguado por qué tenía ansiedad cuando se rodeaba de mucha gente y el motivo por el que sentía tantas inseguridades en su día a día. Tras muchas sesiones de psicoanálisis, descubrió que la relación con su madre durante su primera infancia le había generado temores y falta de confianza, tanto en él como en los demás, en la edad adulta.

Eso le ayudó a entenderse mejor y, si bien consiguió ser más autocompasivo consigo mismo, no hizo que su ansiedad ni sus inseguridades desaparecieran.

Hugo no entendía por qué no había superado sus dificultades si ya sabía de dónde provenían y por eso acudió a mi consulta. Entonces le expliqué que pretender que solo con identificar el síntoma y su origen este sane es como esperar que por localizar una caries deje de dolerte el diente.

No funciona así: después de identificar el foco del problema hay que hacer un tratamiento.

Para mejorar la forma en la que nos hablamos internamente y aprender a ponernos límites a nosotros mismos cuando empezamos a tratarnos mal es necesario, primeramente, identificar qué, cómo, cuándo y por qué nos hablamos como nos hablamos (las técnicas que hemos explicado hasta ahora sirven para ello). Pero, seguidamente, debemos hacer el tratamiento, es decir, el proceso que sirve para revertir el «síntoma» que, en este caso, es cualquier tipo de autosabotaje interno que llevamos a cabo.

Las técnicas que explico a continuación sirven para ello y todas, absolutamente todas ellas, son estrategias con fundamento científico.

Ileísmo

Unas páginas atrás hice referencia a un accidente de tráfico que sufrí cuando tenía dieciséis años.

Yo iba de paquete en la parte trasera de una moto y recuerdo que, justo cuando llegamos a una intersección, un coche que se había saltado su semáforo en rojo nos embistió a toda velocidad. A causa del impacto salté por los aires y recuerdo, como si hubiera sido ayer, todo lo que pasó por mi cabeza en esos pocos segundos que a mí se me antojaron eternos. «Alba, estás teniendo un accidente. Encógete. No puedes hacer nada. Tranquila. Pararás en algún momento de dar vueltas. Ya vas a parar. Ya vas a parar. Ya vas a parar». Y paré cuando, después de dar vueltas semejantes a las de campana, me estampé contra el bordillo de la calzada, diez metros más allá. Una vez en el suelo, con el casco puesto y sin poder ver mi cuerpo, pensé «Vale, Alba. Ya has parado. Mueve los dedos de los pies». Los moví y me dije: «Ok, los mueves: tu médula está bien. Tranquilízate».

Sin saberlo, en ese momento utilicé una de las técnicas más eficaces para darse autoinstrucciones: decir tu propio nombre y hablarte en segunda persona.

La técnica de hablarse a uno mismo en segunda persona se llama «ileísmo», y hace que procesemos la instrucción tanto como emisor como receptor, provocando que mejoremos el foco y la retención de esta.

Por este motivo y su gran eficacia, es uno de los métodos más utilizados por los mejores entrenadores de deportistas de élite.

Bob Bowman, por ejemplo, el preparador físico y psicológico del nadador olímpico Michael Phelps, utilizaba esta técnica para condicionar mentalmente al deportista. Él mismo explicó cómo introdujo al deportista en el arte de la autoconversación en segunda persona como estrategia diseñada de manera meticulosa para fortalecer su enfoque y rendimiento. Bowman sabía que con ello potenciaría al máximo la capacidad de Phelps para llevar a cabo las conductas necesarias para obtener resultados específicos. En otras palabras, quería que el nadador tuviera dentro de su propia mente un (otro) entrenador dándole instrucciones claras y que lo acompañara en cada momento de las carreras disminuyendo su ansiedad, aumentando su confianza y dirigiéndolo hacia su meta.

Los resultados hablan por sí mismos: Phelps se convirtió en el atleta más condecorado en la historia de los Juegos Olímpicos.

La mayoría de los ciudadanos de a pie no tenemos que enfrentarnos a otros en competiciones olímpicas, pero sí a muchas otras situaciones que nos ponen nerviosos o despiertan inseguridades en nosotros mismos.

Sin ir más lejos, nuestro amigo Hugo, el que pretendía que el dolor de muelas se disipara por haber encontrado la caries, tenía mucho miedo a hablar en público, por ejemplo. Daba la casualidad que una de sus funciones en el trabajo era exponer nuevos productos ante grupos de empresarios o auditorios completos. Lo pasaba realmente mal cada vez que tenía que hacer una presentación, y solo conseguía hacerlo tomando algún tipo de tranquilizante (lo cual era una forma de evitar enfrentarse a sus miedos y aumentar su dependencia a una sustancia para llevarla a cabo). Por ello empezamos a practicar esta técnica.

El primer paso consistió en detectar su diálogo interior e identificar de qué manera se estaba autosaboteando (encontrar la caries). Él identificó frases como «Estás muy nervioso», «Todo el mundo va a notar tu inseguridad», «Te vas a equivocar y te van a despedir», etc.

Y comenzamos a aplicar la técnica de la autoinstrucción en segunda persona junto con su nombre. En su caso consistía en decirse cosas como: «[Hugo], estás preparado para esto», o «[Hugo], es normal estar un poco nervioso ante una presentación, pero puedes manejarlo», o «[Hugo], el público son personas, como tú. Si te equivocas, no pasa nada. Nadie te va a juzgar por eso» o «[Hugo], has ensayado esto cientos de veces. Respira profundamente, sube a la tarima, sonríe al público y di todo lo que sabes».

Este entrenamiento (junto con la técnica de visualización y relajación que explicaré más adelante) duró unas cuantas semanas durante las cuales, poco a poco, su ansiedad se fue reduciendo; su concentración, mejorando durante la exposición y su confianza, aumentando progresivamente.

Eso le pasó a un amigo

Ethan Kross, uno de los principales neurocientíficos expertos en el estudio del control de la mente consciente, llevó a cabo una investigación en la que les pidieron a los participantes que pensaran en experiencias negativas o angustiantes. Para ello les indicaron que lo hicieran usando la primera persona («yo») y, después, la pensaran cambiando a su propio nombre y en tercera persona. Por ejemplo, en vez de verbalizar «No pude esquivar la piedra y tropecé», tenían que decir «[Su nombre] no pudo esquivar la piedra y tropezó».

Los resultados mostraron que, cuando los participantes hablaban de sí mismos en tercera persona, experimentaban mucha menos angustia emocional. Esto se debía a que el autodistanciamiento les permitía ver la situación más objetivamente, lo que hacía posible que regularan mejor sus emociones y redujeran la intensidad de su angustia.

En el ámbito terapéutico se utiliza este método para trabajar las secuelas emocionales de experiencias traumáticas o angustiantes, porque permite desapegarse de lo ocurrido y relativizar las emociones. Narrar nuestra historia de vida explicándola en tercera persona nos ayuda a distanciarnos emocionalmente de lo ocurrido y a observar esos sucesos de una forma más desapegada, lo que posibilita reestructurarla más fácilmente. Esto es clave para poder aceptar episodios difíciles y traumáticos y para reducir las secuelas psicológicas que se derivan de ellas.

En otra de sus investigaciones Ethan Kross, Walter Mischel y Özlem Ayduk demostraron que, cuando explicamos nuestra vida en tercera persona y nos distanciamos emocionalmente, se reducen los pensamientos obsesivos, el dolor, la ansiedad y la angustia derivada de esas experiencias. Esto ocurre gracias a la reducción de actividad neuronal que se produce en redes cerebrales asociadas con la rumiación y el dolor emocional.

¿Quién nos iba a decir que el viejo recurso «Tengo un amigo al que le ocurrió...» para explicar algo que realmente nos pasó a nosotros mismos resultaba ser una verdadera técnica terapéutica?

A través de la ventana

Una variación de esta técnica consiste en visualizar, es decir, no solo narrar con palabras sino también imaginarlo visualmente, aquello traumático o doloroso que nos ocurrió desde una perspectiva de observador externo. Poder vernos a nosotros mismos desde fuera, al igual que narrar nuestra vida en tercera persona, también genera distancia y nos permite regular mejor las emociones que nos provoca. Siguiendo con el ejemplo anterior, en vez de únicamente verbalizar «Alba, [el nombre de cada uno] no logró esquivar el hoyo y tropezó», recrearíamos visualmente una imagen donde nos viéramos desde fuera a nosotros mismos fallando en el intento de sortear el agujero y tropezando.

Así lo demostraron estos mismos investigadores (E. Kross y sus colegas) al llevar a cabo un estudio en el que se puso de manifiesto que los participantes que visualizaban sus experiencias dolorosas en primera persona sentían un dolor mucho más profundo e intenso que aquellos que lo hacían como si observasen lo ocurrido desde fuera. Además, los que lo visualizaban desde una perspectiva personal eran mucho más rígidos mentalmente y les costaba mucho más salir del «bucle» emocional que aquellos que lo hicieron desde el punto de vista de un observador externo, que pudieron flexibilizar más su modo de interpretar la situación y resignificar con más facilidad lo ocurrido.

Estos estudios fueron replicados en personas con situaciones angustiantes distintas (padres con hijos pequeños enfermos de cáncer o pacientes depresivos, por ejemplo) y obtuvieron también resultados muy positivos. Gracias a las conclusiones de estas investigaciones, este tipo de técnicas empezaron a formar parte de terapias dirigidas a víctimas de experiencias dolorosas, traumas o personas que viven determinados sucesos con mucha angustia y ansiedad, y las mejoras clínicas fueron increíbles.

Pero el uso del punto de vista no termina ahí: del mismo modo que utilizar una perspectiva en tercera persona ayuda a tomar distancia y reducir la intensidad de las emociones dolorosas y hacerlo en primera las intensifica, ocurre lo mismo con las emociones agradables. Es decir, si queremos intensificar la alegría, el entusiasmo, la paz, la libertad o la esperanza, basta con recordar o imaginar experiencias desde la perspectiva de primera persona, es decir, «sumergiéndonos» en la escena. De esta manera, modulando desde donde recreamos mentalmente un suceso (real o imaginado) podemos incrementar o reducir a nuestro antojo las emociones que nos suscitan. Esto es, si queremos reducir el miedo que nos provoca salir a hablar en público, imaginaremos la escena desde fuera; y si queremos sentir una sensación de paz y tranquilidad podemos imaginar que vemos «en primera persona» nuestra parte inferior del cuerpo, mientras nos mecemos en una hamaca desde la que visualizamos la orilla del mar mientras el Sol se pone y tiñe el cielo de increíbles naranjas y rosas.

La paradoja de Salomón

Uno de los motivos por los que la escritura es una de las «acciones serendipia» más eficaces es, precisamente, porque ayuda a distanciarnos desde un punto de vista emocional (entre otras funciones). Solo con dedicar diez o quince minutos al día a escribir sobre nuestros pensamientos, sentimientos y experiencias mejora nuestra salud mental, ante todo en síntomas depresivos y de estrés.

Utilizar estrategias para distanciarnos psicológicamente nos permite ver los problemas desde una perspectiva más amplia y reflexionar sobre ellos más efectivamente para llegar a posibles soluciones. ¿Por qué crees que somos tan buenos dando consejos a los demás mientras que no sabemos cómo solucionar nuestros propios problemas? El famoso dicho «consejos vendo y para mí no tengo» se basa en lo que se conoce como la paradoja de Salomón, un fenómeno psicológico por el cual somos mucho más sabios buscando soluciones para los problemas ajenos que para los propios gracias al distanciamiento emocional.

Este fenómeno les ocurre a la mayoría de las personas y también nos pasa habitualmente a los psicólogos. Y es que, si los profesionales de la salud mental tuviéramos tan buena perspectiva sobre nuestra propia vida como la que tenemos sobre la de nuestros pacientes, jamás tendríamos ningún problema, lo cual te aseguro que no ocurre.

La paradoja de Salomón se da porque nuestro cerebro no está preparado para vernos a nosotros mismos con la misma perspectiva con la que vemos a los demás. Como hemos ido observando a través de las distintas estrategias, el hecho de ver los problemas ajenos desde cierta distancia nos permite tener una perspectiva más amplia y, por lo tanto, ser más creativos a la hora de encontrar soluciones. Este fenómeno es la base de por qué funciona la técnica del ileísmo y la del observador: al distanciarnos emocionalmente de nuestros propios problemas podemos verlos como si nos los contara un amigo y ser igual de sabios con los nuestros que cuando aconsejamos a uno de ellos. Dicho de otro modo: cierto distanciamiento emocional conduce a la sabiduría.

Sin embargo, debemos tener ojo con esto. Pues distanciarnos emocionalmente demasiado puede llevarnos a lo que en términos psicológicos se conoce como disociación.

La disociación, en su expresión más extrema, implica una desconexión no solo de nuestras emociones sino también de nuestros pensamientos, sentido de identidad y recuerdos. Aunque distanciarse un tanto de las emociones negativas puede ser beneficioso hasta cierto punto, la disociación nos aleja demasiado y nos impide procesar nuestras experiencias, sentir cómo estamos viviendo un proceso o identificar si hay algo que nos genera malestar y debemos buscar soluciones.

Esta desconexión puede ocurrir involuntariamente cuando el grado de las emociones dolorosas o desagradables que nos provoca la realidad que estamos viviendo o el recuerdo de alguna experiencia es demasiado intenso. Así ocurre con víctimas de agresiones sexuales o supervivientes de guerra, por ejemplo. Como mecanismo de afrontamiento, nuestro cerebro nos «desconecta» o disocia para no sentir tanto dolor, de manera que no podemos acceder a esos recuerdos traumáticos.

Este distanciamiento emocional extremo, en lugar de ayudarnos a ver nuestras experiencias de forma más objetiva y constructiva, nos lleva a evitar enfrentarlas. Pero al evitarlo, no se da ningún desarrollo personal que nos permita aprender a gestionar las emociones y a procesar la experiencia traumática. Además, a largo plazo, la disociación influye muy negativamente en las relaciones interpersonales, ya que al no poder conectar emocionalmente con uno mismo, se hace muy difícil conectar con los demás y crear vínculos afectivos profundos.

Por consiguiente, el equilibrio se encuentra en el punto en el que podemos distanciarnos emocionalmente lo justo para conseguir una perspectiva de las situaciones y problemas lo más objetiva posible, pero pudiendo mantener una conexión emocional con nuestras experiencias y con las personas de nuestro entorno.

8

Cómo dejar de sobrepensar y reducir la ansiedad

> La explicación más sencilla suele ser la correcta.
>
> La navaja de Ockham,
> GUILLERMO DE OCKHAM

Recientemente se ha descubierto que existe una fuerte conexión entre el sistema nervioso, el proceso respiratorio y la actividad cerebral. Lo que antes sabíamos que ocurría, pero no podíamos explicar cómo, ahora está alcanzando un protagonismo jamás imaginado en la neurociencia, la medicina y la psicología.

Cuando Thich Nhat Hanh, uno de los monjes budistas más influyentes y respetados del siglo xx, comenzó a enseñar en Occidente sobre la práctica de la atención plena y la importancia de la respiración consciente, muchos en la comunidad científica y médica tacharon sus métodos de alternativos y esotéricos.

Thich Nhat Hanh nació en Vietnam en 1926 y dedicó toda su vida a promover la paz y la no violencia, especialmente durante la cruel guerra de Vietnam, lo que llevó a que Martin Luther King Jr. lo propusiera como candidato al Premio Nobel de la Paz. Tras un vasto recorrido, en 1982 fundó en Francia el monasterio de Plum Village, uno de los centros de práctica de mindfulness más importantes de todo el mundo, y escribió más de cien libros donde explica cómo la simple acción de respirar profundamente y con atención puede reducir nuestro sufrimiento y el estrés, al tiempo que aumenta la paz interior.

Por defecto o por virtud, según el criterio con el que se mire, la medicina occidental no considera válido ningún tratamiento que no haya sido comprobado científicamente. Por un lado, esto ayuda a que las intervenciones médicas sean seguras (aunque aun así se den situaciones inesperadas), pero, por otro, muchas veces excluye tratamientos o herramientas muy útiles tachándolas de ineficaces, no porque hayan comprobado que lo son, sino por no poder explicar ni demostrar su mecanismo de acción.

Esto es lo que ocurrió con las enseñanzas de Thich Nhat Hanh. Sin embargo, él continuó su misión con paciencia y determinación a través de sus acciones, charlas y libros, como *El milagro de mindfulness* y *Paz en cada paso*, donde ofrecía a las personas herramientas prácticas para aliviar el sufrimiento y malestar emocional.

Con el tiempo, grupos de investigación empezaron a estudiar si estas prácticas podían estar influyendo verdaderamente en el sistema nervioso. A través del método científico, demostraron que la meditación y la respiración consciente, en efecto, alteran el funcionamiento del cerebro. Con diferentes técnicas de neuroimagen observaron cómo al practicarlas se reduce la actividad en áreas asociadas con el estrés y la ansiedad, y se fortalecen las conexiones en regiones involucradas en la atención y la regulación emocional. De esta manera pudieron demostrar que los efectos de estas prácticas son tangibles y medibles en la salud física y mental.

Respirar bien, pensar mejor

Como hemos dicho, hoy día ya sabemos, sin duda alguna, que la respiración es una herramienta muy potente y eficaz para influir en nuestros pensamientos, procesos cognitivos y emociones.

Gracias a estudios con técnicas de neuroimagen se ha podido observar cómo la forma en la que respiramos influye en la calidad de nuestros pensamientos (y como ya decía Marco Aurelio, de la calidad de nuestros pensamientos depende nuestra felicidad).

Solo con practicar diariamente ejercicios de respiración consciente, lenta y profunda nuestra actividad cerebral cambia: se reducen los niveles de cortisol (hormona del estrés), mejora la consolidación de la memoria, potencia la capacidad atencional y ayuda a procesar mejor la información.

Por ejemplo, uno de los hallazgos más increíbles es que su práctica disminuye la actividad en la amígdala (asociada con la respuesta emocional al miedo) y aumenta la actividad en el córtex prefrontal (implicado en la toma de decisiones y la regulación emocional). Esto se traduce en que la respiración consciente conlleva una reducción del miedo, de pensamientos ansiosos y de rumiación (es decir, de sobrepensar y dar vueltas y más vueltas a las cosas) y mejora nuestra capacidad para pensar de forma más racional y sosegada.

La respiración consciente consiste en prestar total atención deliberadamente a nuestra respiración. Por ejemplo, una forma de llevarla a cabo es, sencillamente, sentarnos en silencio sin ningún tipo de estímulo (móvil, televisión, libro, música...) y quedarnos así durante un buen rato concentrándonos en nuestra respiración, siendo conscientes de cómo el aire entra y sale de nuestro cuerpo y, asimismo, de todas las sensaciones físicas de cada inhalación y exhalación: el movimiento del pecho, el abdomen, nuestras fosas nasales, la boca...

Cuando se empieza a practicar este tipo de ejercicios, nos damos cuenta de que, en los primeros intentos, resulta extremadamente difícil mantener la atención en la respiración y que nuestra mente divaga de aquí para allá saltando rápidamente de un pensamiento a otro, yendo del pasado al futuro y de lo que deberíamos hacer a lo que ya hemos llevado a cabo. Pero eso es, precisamente, lo que tenemos que aprender a dominar: nuestra atención; de este modo podremos focalizarla donde nosotros queremos.

Muchas personas creen que meditar consiste en «no pensar en nada» y cuando ven que no les sale, se frustran y abandonan la práctica del mindfulness y la respiración a los pocos minutos. No obstante, a no ser que seas un experimentado lama tibetano con muchos años de práctica, no pensar en nada es prácticamente imposible. Como hemos explicado antes, casi siempre hay pensamientos o una vocecilla en nuestra cabeza.

Sin embargo, como con cualquier entrenamiento, ensayo tras ensayo iremos mejorando esta capacidad, pudiendo sostener el foco en nuestra respiración. Así iremos mejorando, por un lado, nuestro control sobre la capacidad atencional y, por otro, en modular el ritmo de la respiración, lo cual es importantísimo para influir positivamente en nuestros pensamientos.

Lo más beneficioso de los ejercicios de la respiración y la atención plena consiste en ser capaces de dejar pasar los pensamientos y seguir manteniendo el foco de atención en lo que nosotros queremos mantenerlo. La idea es entrenar nuestra capacidad de controlar ese foco atencional (no que él nos controle a nosotros), con el objetivo de poder prestar atención siempre a lo que queremos (en lo que estamos haciendo en el momento presente, por ejemplo) y que nuestros pensamientos no nos perturben ni distraigan.

Si conseguimos dirigir a nuestra propia voluntad lo que pensamos (o dicho de otro modo, a qué pensamientos les prestamos atención), podremos frenar los pensamientos anticipatorios negativos, los diálogos crueles e hiperexigentes, las rumiaciones o cualquier otro tipo de pensamiento que nos descentre.

Para los porfiados

A muchas personas, sobre todo a las que tienen un alma curiosa, no les basta con conocer la causalidad de las cosas, sino que necesitan ir más allá y entender realmente cómo se da esa relación causa-efecto. Esta es, muchas veces, la única manera en que consiguen integrar un nuevo hábito: cuando logran comprender cómo se da ese proceso, interiorizando así de qué modo y en qué medida impacta en su día a día. No les basta con que les digas que algo va a tener un impacto positivo en su salud, necesitan entender cómo, cuándo y por qué va a tener ese impacto.

Atiendo a muchas de estas personas en mi consulta, son a las que llamo cariñosamente «pacientes porfiados» («porfiado»: adjetivo utilizado en algunos países de América Latina, como Chile, Argentina y Uruguay, para describir a alguien que es terco, obstinado o persistente en su comportamiento o creencias, incluso frente a la evidencia de que podría estar equivocado).

Para todos los «porfiados» de alma curiosa que no les basta simplemente con que se lo digan, sino que necesitan entender cómo, de qué manera, por qué y bajo qué mecanismos la respiración termina afectando a nuestro cerebro y, por ende, a nuestros procesos cognitivos y emocionales, aquí les traigo una sencilla explicación.

Vayamos por partes. La clave de la conexión entre cómo respiramos y cómo nos sentimos se encuentra en nuestro sistema nervioso autónomo (SNA).* El SNA es el que se encarga de llevar a cabo todas las funciones que nos mantienen con vida sin que tengamos que acordarnos de hacerlo. Imagina qué pasaría si tuviéramos que acordarnos continuamente de respirar, hacer la digestión o bombear nuestra sangre todo el rato. En el momento en que nos despistásemos o quedáramos dormidos estas funciones dejarían de realizarse y moriríamos *ipso facto*.

---

* Tenemos el sistema nervioso central (formado por el cerebro y la médula espinal) y el sistema nervioso periférico (formado por los nervios), que a su vez se divide en dos: el sistema nervioso somático (el que actúa a nuestra propia voluntad) y el autónomo (que actúa de forma autónoma).

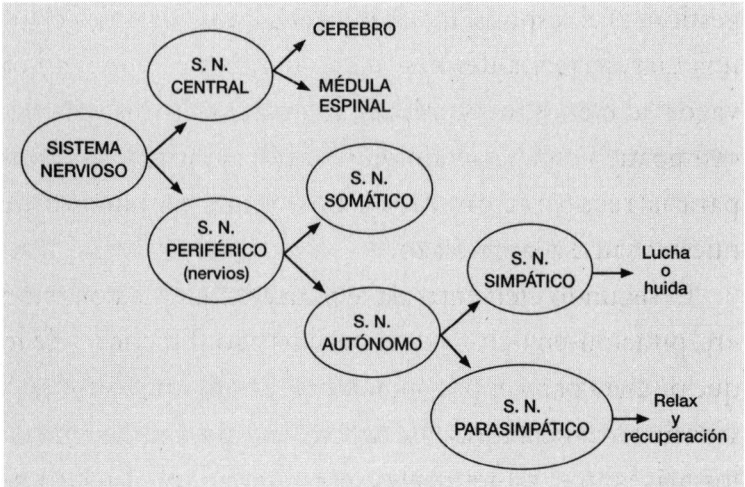

Para evitar esta tragedia y asegurar nuestra supervivencia, la maravillosa naturaleza humana nos dotó del SNA, encargado de hacer todo esto sin que tuviéramos que acordarnos continuamente de hacerlo y ni tan siquiera prestarle atención.

Este sistema se divide en dos ramas principales: el sistema nervioso simpático, que prepara al cuerpo para actuar rápidamente en situaciones de estrés o amenaza («lucha o huida»), y el sistema nervioso parasimpático, que promueve la relajación y la recuperación («descanso y digestión»).

Al activarse el sistema nervioso parasimpático, nuestra frecuencia cardiaca y presión arterial se reducen mientras que el corazón envía más sangre a los órganos vitales y al sistema digestivo. Este hecho, el que nuestra sangre se concentre en nuestro sistema digestivo para hacer la digestión, es el responsable de que tengamos ganas de echarnos una siestecita después de comer. No es que seamos vagos (al menos, no siempre), es que nuestro sistema parasimpático está haciendo bien su trabajo preparándonos para la recuperación, reparación y mantenimiento de nuestra salud a largo plazo.

El segundo elemento clave para entender la conexión «respiración-emoción» es el nervio vago. En contra de lo que pudiera parecer por su nombre, este es uno de los nervios más «trabajadores» de todo el cuerpo, pues es uno de los más largos: va desde el cerebro hasta el abdomen, pasando por el corazón, los pulmones y otros órganos importantes. Es como una autopista de dos direcciones que comunica el cerebro y el cuerpo, enviando y recibiendo señales que terminan influyendo en nuestras respuestas fisiológicas y emocionales.

El nervio vago es el elemento puente que ejerce la conexión entre nuestra respiración y nuestras emociones. Cuando practicamos respiraciones profundas y rítmicas con nuestros pulmones, el nervio vago lo detecta y envía señales al cerebro y este, al recibirlas, entiende que debe activar el sistema de relajación, es decir, el sistema nervioso parasimpático.

El sistema simpático y el parasimpático no pueden estar activos al mismo tiempo. Cuando se activa uno, el otro se inhibe; por consiguiente, al activar el sistema parasimpático estamos bloqueando los efectos del simpático. Esto provoca un aumento de relajación en el cuerpo y disminuye la respuesta de estrés o amenaza: no podemos estar relajadamente excitados o sentirnos intranquilamente en paz. Esto conlleva una reducción de los niveles de cortisol y aumenta la liberación de algunos neurotransmisores que favorecen la sensación de paz y serenidad.

Esto es algo verdaderamente impresionante: la naturaleza nos ha dotado de muchas más herramientas de las que pensábamos para regular nuestras emociones y reducir el sufrimiento, solo tenemos que aprender a utilizarlas.

Pero el tema no queda ahí, cada vez hay más investigaciones que estudian de qué forma, el mindfulness y la respiración consciente tienen la capacidad de cambiar, literalmente, las estructuras de nuestro cerebro y los resultados son cada vez más asombrosos y explican de forma cada vez más precisa cómo influye en él.

Sara Lazar y su equipo en la Universidad de Harvard, por ejemplo, han demostrado que practicar con frecuencia ejercicios de mindfulness aumenta la densidad de materia gris en el hipocampo, una región crucial para la memoria y el aprendizaje, y en áreas de la corteza prefrontal, asociadas con la toma de decisiones y la regulación emocional. Descubrieron también que las conexiones entre la corteza prefrontal y la amígdala, el centro de procesamiento emocional del cerebro, se fortalecen, lo que se traduce en que estas prácticas nos capacitan para regular mucho mejor nuestras respuestas emocionales, ayudando a reducir la reactividad y aumentar la serenidad.

Todo esto tiene un claro impacto en la calidad de nuestros pensamientos y de nuestro diálogo interno: al ser capaces de mantener mejor la calma, no desesperar y gestionar el estrés, no tenemos pensamientos tan negativos ni tremendistas (justo lo que ocurre cuando anticipamos negativamente o nos criticamos con dureza, por ejemplo).

De hecho, si recordamos cómo describía la doctora Jill la pérdida de su diálogo interno a consecuencia de su accidente cerebrovascular, vemos que es muy similar a lo que se siente tras la práctica meditativa. La especialista en neuroanatomía explicaba que, tras el daño cerebral, su monólogo interior había casi desaparecido, y con ello su «autosabotaje» de crítica e hiperexigencia, lo cual la llevaba a experimentar una sensación de paz y tranquilidad.

Esto es, precisamente, lo que se consigue después de practicar ejercicios de mindfulness y respiración consciente: reducir el ruido mental y conseguir, así, un estado de mayor serenidad y presencia.

Esto se debe, por un lado y como ya hemos mencionado, a cómo afectan estas prácticas a las conexiones entre la corteza prefrontal y la amígdala y, por otro, gracias al impacto en otra importante área de neuronas: la red de modo predeterminado del cerebro.

Cuando estamos en reposo, es decir, cuando no estamos haciendo nada que requiera esfuerzo cognitivo, nuestro cerebro no está inactivo. En esos momentos, aunque pudiéramos creer que como nosotros no estamos haciendo nada nuestro cerebro no esté activo, no es así. Hay un conjunto de áreas neuronales que están trabajando cuando no estamos haciendo nada y son las que forman la denominada «red de modo predeterminado». En esos estados de reposo, cuando se activa esta red, la actividad del cerebro consiste, principalmente, en hacernos divagar y rumiar.

Lo interesante es que cuando practicamos mindfulness, la actividad de la red de modo predeterminado se reduce, y con ello disminuye el sobrepensamiento y la rumia, lo cual hace que podamos estar más presentes en «el aquí y el ahora».

3, 2, 1... ¡acción!

Resumiendo, la práctica de la respiración consciente y el mindfulness modifican la estructura y función de nuestro cerebro, cada una activando mecanismos interconectados entre ellos que culminan con un estado óptimo cognitivo y emocional.

En conclusión, pensar bien nos hace sentir bien y a continuación te explico cómo hacer algunos ejercicios prácticos para reducir el ruido mental y el diálogo interno negativo que puedes empezar a practicar ya mismo.

Respiración diafragmática

Paso a paso:
1. Siéntate o acuéstate en un lugar cómodo donde no te puedan molestar.

2. Ponte una mano sobre el abdomen, justo debajo de las costillas, para que puedas apreciar el movimiento diafragmático.

3. Inhala profundamente por la nariz llevando el aire a tu abdomen. Siente cómo se hincha y se expande mientras tus pulmones se llenan de aire.

4. Exhala despacio por la boca mientras tu abdomen se mete hacia dentro (se contrae) suavemente.

5. Repite este ciclo de respiración profunda durante 5-10 minutos, enfocándote en el movimiento de tu abdomen (como si fuera un globo que se infla y se desinfla) y en el flujo de aire entrando y saliendo de tu cuerpo.

Respiración 4-7-8

Paso a paso:
1. Siéntate con la espalda recta y los hombros relajados (puedes apoyar la espalda en la pared o el respaldo de una silla si es más cómodo para ti).

2. Primero exhala completamente todo el aire por la boca (puedes ayudarte haciendo un sonido como «wooooooossssssshhhhhh».

3. Cierra la boca e inhala por la nariz contando hasta cuatro (aproximadamente a la velocidad de los segundos).

4. Mantén la respiración durante siete segundos.

5. Exhala completamente por la boca, haciendo de

nuevo el sonido de «wooooossssssshhhhhh» durante 8 segundos.

6. Repite este ciclo al menos cuatro veces.

Meditación de atención plena (mindfulness)

Paso a paso:

1. Siéntate en un lugar tranquilo donde puedas estar sin ser interrumpido durante unos minutos.

2. Ponte en una postura cómoda pero con la espalda erguida y las manos descansando sobre tus piernas.

3. Cierra los ojos y dirige tu atención a la respiración. Observa cómo el aire entra y sale de tu cuerpo, sin intentar cambiarlo.

4. A medida que te concentres en tu respiración, notarás que tus pensamientos empiezan a divagar. Cuando te des cuenta de que esto está ocurriendo, no critiques ni juzgues, simplemente vuelve a centrar tu atención en la respiración.

5. Después de unos minutos, amplía tu atención a diferentes partes de tu cuerpo y las sensaciones que experimentas en ellas, de nuevo sin criticar ni juzgar nada.

6. Practica esta meditación durante 5-10 minutos inicialmente, y poco a poco ve aumentando gradualmente el tiempo a medida que te vayas sintiendo más cómodo con la práctica.

Entrenamiento autógeno

Esta es una técnica de relajación desarrollada por el psiquiatra alemán Johannes Heinrich Schultz, quien se dedicó a estudiar la hipnosis y técnicas autosugestivas para inducir un estado relajación y bienestar en el cuerpo y la mente. Ayuda a reducir el estrés y la ansiedad, y a mejorar la concentración y el rendimiento general. Aunque no es propiamente una técnica de mindfulness ni respiración, se fundamenta en las respiraciones profundas y la conciencia plena, por lo que lo he incluido en esta sección de ejercicios eficaces para reducir el ruido mental y mejorar nuestro diálogo interno.

Paso a paso:
1. Encuentra una posición cómoda, sentado o acostado.
2. Empieza haciendo algunas respiraciones lentas y profundas para comenzar a relajarte.
3. Repite afirmaciones de calma cinco o seis veces; por ejemplo, «Estoy completamente relajado» o «Voy a relajarme tranquilamente».
4. Escoge una parte del cuerpo, por ejemplo, el brazo izquierdo, y repite seis veces «Mi brazo izquierdo está tibio», seguido de seis repeticiones de «Estoy completamente relajado». Haz esto lentamente, prestando atención a las sensaciones de temperatura.
5. Haz lo mismo con otras partes del cuerpo: con-

tinúa con el otro brazo, las piernas, el pecho y la barriga, alternando con «Estoy completamente relajado».

6. Tras 10 o 15 minutos de esta práctica, empieza a revertir la relajación diciendo algo como «brazos firmes», seguido de «estoy consciente» y termina con «ojos abiertos» para volver a un estado de alerta y conciencia después de la relajación.

Técnica 5-4-3-2-1

Paso a paso:

1. No importa dónde te encuentres. En el momento en el que te sientas muy estresado o con ansiedad, detente, respira un par de veces profundamente y observa a tu alrededor.

2. Ahora encuentra cinco cosas de tu entorno que puedas ver y tómate un momento para observarlas detenidamente todas ellas: su textura, su forma, sus colores... Recorre con tus ojos cada centímetro y hazte todo tipo de preguntas sobre esos objetos: «¿Para qué sirven?», «¿Podrían tener otros usos? ¿Y otras formas?», «¿Siempre han estado ahí?», «¿Dónde los has visto antes?»...

3. A continuación, trata de encontrar cuatro cosas en tu entorno que puedas sentir o tocar. Siente el peso de tu cuerpo contra la silla o la textura de la chaqueta que llevas puesta, o alarga la mano para sentir el

tacto del cristal de la ventanilla del coche contra tus dedos.

4. Ahora, presta atención a los sonidos que te envuelven y trata de percibir tres con la mayor claridad posible. Identifícalos y sepáralos del resto: el ladrido de un perro a lo lejos, el canto de algún pájaro, el sonido de los coches, el tictac del reloj de pared o tu propia respiración.

5. Seguidamente, encuentra dos cosas que puedas oler. Esto puede ser un poco complicado al principio, pero realmente todo tiene un olor si prestas atención. Siente el olor de estas páginas, el del jabón en tu piel o el de la madera de tu escritorio.

6. Finalmente, busca algo que puedas saborear. Este es el sentido más difícil, pero, si prestamos atención, nos damos cuenta de que en nuestra boca suele persistir el sabor de lo último que hayamos ingerido. Tal vez el sabor del café, de una copa de vino o de un postre. Quédate ahí por un momento y presta atención a esa sensación.

Este último es uno de los mejores ejercicios de mindfulness y conciencia plena que existen para mantenernos en el momento presente y evitar la ansiedad anticipadora. Mientras le prestamos atención a la información que nos aportan nuestros sentidos, nuestro cerebro está en el momento presente y el sobrepensamiento, la divagación o los pensamientos anticipatorios se detienen y nos mantenemos en «el aquí y el ahora», devolviéndonos a la calma.

Uno de los aspectos más positivos de estas prácticas es que solo con realizarlas durante 10-20 minutos al día vemos resultados tanto a corto plazo (inmediatamente después de llevarlas a cabo se sienten los efectos en el estado de ánimo y en algunas capacidades cognitivas), como a largo plazo (cuando se practican con regularidad y constancia).

9

Cómo relativizar

El arte de ser sabio consiste en saber qué pasar por alto.

WILLIAM JAMES

Cuando Albert Einstein empezó a desarrollar la teoría de la relatividad, se encontró con que ciertas reglas de la física establecidas por Isaac Newton no explicaban muchas de las cosas que él se cuestionaba. Estas podían demostrar perfectamente cómo caían las manzanas de los árboles o cómo se movían algunos de los planetas, pero no podían dar respuesta a otras muchas cuestiones que él se planteaba como, por ejemplo, ciertos movimientos de algunos planetas o cómo se propagaba la luz.

Fue entonces cuando Einstein se dio cuenta de que para explicar estos hechos era necesario una nueva forma de pensar sobre el espacio, el tiempo y la gravedad, y empezó a cuestionarse si todo lo que se daba por cierto hasta entonces podría, en realidad, no serlo, lo cual pondría en entredicho las teorías fundadas por Isaac Newton.

Este punto de vista totalmente distinto hasta el momento le permitió fundar las bases de su teoría de la relatividad especial, y con ella introdujo ideas y conceptos que revolucionaron completamente nuestra comprensión del universo. La teoría de la relatividad de Einstein se aplicó a numerosos campos y, gracias a ella, se inventó la tomografía por emisión de positrones, la energía nuclear e, incluso, nuestro actual GPS (sistema de posicionamiento global, por sus siglas en inglés), entre otros.

La audacia de Einstein para replantear las preguntas fundamentales sobre el universo y buscar respuestas más allá de los límites aceptados en ese momento por la ciencia, ilustra la esencia de su famosa cita: «No podemos resolver nuestros problemas con el mismo pensamiento que usamos cuando los creamos». Al desafiar lo establecido y explorarlo desde nuevas perspectivas, Einstein no solo resolvió algunos de los mayores enigmas de la física de su época, sino que también sentó las bases para futuras generaciones de científicos.

Su legado nos recuerda que, a menudo, el primer paso hacia el descubrimiento y la innovación es simplemente observar desde una nueva perspectiva para hacernos nuevas preguntas.

Ver el bosque en lugar del árbol

Cuando nos encontramos ante una encrucijada que no sabemos resolver o situación que no somos capaces abordar, empezamos a darle vueltas, a sobrepensar, a anticipar de forma catastrófica, a ser hipercríticos o hiperexigentes y terminamos creando un diálogo interno muy dañino que a menudo nos bloquea, lo cual no hace más que empeorar el problema.

Cuando nos enfrentamos a situaciones emocionales intensas, es fácil perderse en cada detalle negativo e imaginar todas las posibles consecuencias. Muchas veces, concluimos con afirmaciones del tipo «Es imposible solucionarlo» o «No puedo hacer nada por mejorar la situación», y cuando esto nos lo repetimos una y otra vez, terminamos por creérnoslo y acabamos resignándonos, infelices e insatisfechos.

Es posible que hayamos estudiado la situación una y mil veces, pensado en múltiples opciones y probado con cientos de soluciones sin dar con la que resuelve el problema. Y es probable, también, que haya parte de razón en ese pensamiento de «Es imposible solucionarlo», pero, muchas veces, no es cierto del todo. Si en lugar de concentrarnos en cada detalle, vemos la situación desde una perspectiva más amplia, podremos ver muchas más posibilidades.

Si nos centramos en mirar el árbol, no podemos ver el bosque.

En ese «es imposible solucionarlo», a menudo hay

(solo) una parte de razón, y es que si terminamos la frase obtendremos otra mucho más cierta, y que abre una ventana a todo un mundo nuevo de oportunidades.

La frase completa sería «Es imposible solucionarlo... desde esta perspectiva» o «No puedo hacer nada por mejorar la situación... desde donde me la estoy planteando».

Cuando nos enfocamos minuciosamente en cada uno de los aspectos que forman un problema (y más aún cuando los enfocamos todos a la vez), podemos llegar a sentirnos muy abrumados y sobrepasados. Es lo que conocemos como «parálisis por análisis»: al analizar en exceso cada detalle nos angustiamos e incluso sentimos ansiedad, lo cual hace que cada vez seamos menos eficientes en encontrar una posible solución y nos quedemos paralizados sin avanzar hacia ningún lado.

Para ver el bosque completo debemos dar un paso atrás y contemplar el cuadro general para poder apreciar aspectos que, centrándonos en cada particularidad, no podemos detectar. Se trata de abstraernos de los pequeños detalles para poder entender mejor el conjunto. Cuando cambiamos así nuestra perspectiva, hacemos que sea más fácil procesarlo y conceptualizarlo llevándonos a una visión más objetiva.

Un ejemplo de ello es la visión que adoptan muchas personas cuando se proponen perder o ganar peso para estar más saludables. Muchas de ellas empiezan a enfocarse demasiado en contar las calorías que ingieren o en hacer una rutina de ejercicios meticulosamente diseñada y empiezan a perder de vista otros aspectos que también son necesarios para una buena salud, por ejemplo, el estrés o la ansiedad que les genera ese conteo de calorías o la rigidez en el cumplimiento de la actividad física.

Al centrarse únicamente en las calorías o el ejercicio (el árbol) pierden de vista su salud integral (el bosque), lo que hace que desistan rápido de su plan de acción, su metabolismo se desequilibre y entren en círculos viciosos de ayunos-atracones desarrollando una relación insana con su cuerpo y la comida.

Dar un paso atrás y ver el bosque significa contemplar su salud en conjunto: la física, la mental y la social.

No está de más recordar que somos seres biopsicosociales y que para tener una buena salud debemos cuidar los tres aspectos encontrando un equilibrio entre ellos.

Por lo tanto, si para adelgazar nos vemos obligados continuamente a evitar quedadas con nuestros amigos o a abstenernos de disfrutar de una rica comida con ellos y eso nos provoca ansiedad, estrés y malestar, claramente, esta estrategia no nos hace bien. Es momento de dar un paso atrás y contemplar el bosque, es decir, buscar la fórmula con la que podamos cuidar de nuestra salud física, pero sin estresarnos demasiado, procurando tener una actitud sana y positiva hacia nuestro cuerpo, manteniendo sanas y cuidadas las relaciones, haciendo la vida social que necesitamos, ingiriendo alimentos variados y ricos en nutrientes, disfrutando (en la medida de lo posible) de la actividad física que hagamos y disfrutando de un descanso adecuado.

Una buena manera de dar un paso atrás para obtener una perspectiva más amplia de las situaciones que no estamos pudiendo resolver es algo tan simple como pensar en ello cerrando los ojos.

A través de estudios en esta materia, se ha descubierto que cuando pensamos en un problema con los ojos cerrados se activan ciertas áreas del cerebro que promueven la flexibilidad cognitiva (que no se activan cuando lo hacemos con los ojos abiertos), permitiéndonos pensar de forma diferente y adaptar mejor a nuevas situaciones.

Así, es recomendable que tanto esta como las técnicas que se explican a continuación se premediten con los ojos cerrados para potenciar su efecto.

Pensamiento lateral

A finales de los años sesenta, Edward de Bono, un reputado médico, psicólogo y filósofo acuñó en su libro *The Use of Lateral Thinking* el concepto de «pensamiento lateral».

Este tipo de pensamiento propone mirar los problemas complejos desde perspectivas diferentes para encontrar soluciones innovadoras que no son inmediatamente obvias y que, *a priori*, pueden parecernos ilógicas.

El pensamiento lateral es otra manera de reencuadrar la experiencia enfocándola desde muchas perspectivas diferentes y encontrar así formas creativas de solucionar los problemas. Algunas estrategias del pensamiento lateral consisten en reformular el problema en términos diferentes o utilizar analogías que permitan ver el problema desde una perspectiva más sencilla.

El juego de los nueve puntos es un buen ejemplo de pensamiento lateral.

Este rompecabezas consiste en unir, con cuatro líneas rectas y sin levantar el lápiz de la hoja, los nueve puntos.

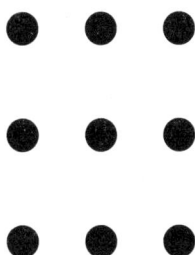

Muchas personas intentan resolver el rompecabezas manteniéndose dentro del cuadrado imaginario que forman los nueve puntos porque nuestro cerebro, automáticamente, crea esta forma geométrica enmarcada por los nueve puntos y trata de unirlos sin salirse de esta.

El quid de la cuestión es que no existe tal cuadrado, es solo lo que imagina nuestra mente limitándonos a encontrar una solución. Realmente, las líneas pueden extenderse más allá de los límites formados por los puntos exteriores. Esta solución requiere reencuadrar el problema y, si bien es cierto que desde la perspectiva en que lo mirábamos al inicio, podíamos decir «es imposible solucionar el rompecabezas», si terminamos la frase y decimos: «Es imposible solucionar el rompecabezas desde la perspectiva en que lo estoy pensando», nos impulsará a pensar otras maneras de enfocarlo y encontrar así la solución.

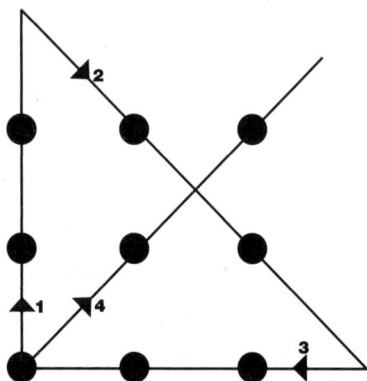

Aplicar esto a problemas de la vida real consiste en salirse de las soluciones convencionales y buscar alternativas creativas. Una buena forma de llegar a este tipo de soluciones que, *a priori*, no se nos ocurren es haciendo una lluvia de ideas. La lluvia de ideas consiste en apuntar sobre un papel todo tipo de soluciones que se nos ocurran para resolver un problema o conflicto, sin poner filtros de ningún tipo. Es una especie de «todo vale» donde se debe aportar cualquier idea que nos venga a la mente, por más descabellada o poco práctica que parezca en un inicio. Después de la lluvia de ideas, estas se revalúan y se determina cuáles podrían ser viables y cuáles no.

Al dejar que la mente piense libremente y de forma creativa, fomentamos que se asocien ideas o veamos posibles vías que en un principio no contemplábamos.

De limitación a desafío

Hemos dicho que una creencia limitante, a diferencia de cómo la presenta la psicología naíf (corriente de pensamiento excesivamente optimista), no tiene por qué ser falsa. Es decir, podemos tener creencias negativas sobre nosotros mismos que representen bastante fielmente la realidad y constituyan de verdad un defecto o carencia.

Por ejemplo, imagina que tienes la creencia de que no te sabes desenvolver muy bien cuando hablas e interaccionas con personas en un contexto de flirteo. Es posible que esto sea cierto y que, lejos de ayudarte, si yo te digo que es una falsa creencia porque en realidad tienes muy buenas dotes comunicativas, jamás intentarás mejorar tu capacidad de oratoria y habilidad para la seducción, lo cual sostendrá la dificultad. Además, como pensarás que te comunicas perfectamente y que el problema lo tienen los demás, que no tienen las capacidades intelectuales suficientes para comprender lo que tú explicas, es posible que empieces a adoptar una actitud arrogante o agresiva con tu interlocutor cuando te diga que no te está comprendiendo (y ahí sí, tendrás serios y verdaderos problemas para entablar buenas conversaciones con las personas con las que desees flirtear).

En muchas ocasiones, cuando nos encontramos ante un problema, defecto o carencia real, podemos verlo como una limitación o reencuadrarlo y enfocarlo como un desafío. En función de nuestro diálogo interno interpretaremos la situación de una u otra forma y esto determinará en gran medida nuestra capacidad para sobrellevarlo, porque la manera en la que definimos internamente las dificultades, bien como una amenaza, bien como un reto, determina nuestra disposición y determinación a la hora de afrontarlas. Y esto tiene un gran peso en nuestros resultados.

Un ejemplo real de este reencuadre lo encontramos en la biografía de Michael Jordan. Cuando estaba en el segundo año de secundaria, fue rechazado del equipo de baloncesto Varsity por ser demasiado bajo. Este rechazo fue un golpe duro para él, pero en vez de convertirlo en una limitación lo enfocó como un desafío. ¿Qué otros aspectos, aparte de la estatura, eran importantes en un jugador de baloncesto? ¿Qué habilidades podía potenciar al máximo para que lo quisieran en el equipo? En lugar de rendirse, Jordan tomó este rechazo como un desafío para demostrar su valía. Cambió su perspectiva sobre la situación, viéndola no como un límite insuperable, sino como un reto que lo llevó a entrenar incansablemente para mejorar su técnica y demostrar que, a pesar de su corta altura, tenía otras cualidades que lo hacían un fantástico jugador de baloncesto.

Entonces, la creencia negativa puede ser cierta, pero hay una diferencia abismal entre plantearla de forma limitante o de forma empoderante. En el primer ejemplo podríamos formular la creencia de este modo: «Soy incapaz de hablar con tranquilidad con personas que me resultan atractivas»; o de este otro: «Me pongo nervioso cuando hablo con personas atractivas, ¿cómo puedo mejorar esto?»; o: «¿Qué otros aspectos sí se me dan bien y puedo resaltar a la hora de mantener una conversación con alguien que me gusta?». Si nos explicamos internamente a nosotros mismos nuestra «carencia» de una forma limitante, únicamente nos limitará; si nos la planteamos de manera constructiva o como un desafío, abrimos la posibilidad de mejorar dicha carencia o, en caso de no ser posible, desarrollar otras que la «compensen».

Haz la prueba:

- ¿Qué creencias negativas tienes sobre ti?
  Asegúrate de que sean creencias fieles a la realidad (recuerda que en el capítulo 7 hemos hablado de diferentes formas de constatar nuestras creencias).
- Identifica el modo en el que te explicas esa creencia. ¿Qué palabras utilizas y qué transmites con ellas? ¿Es un enfoque limitante o empoderante? Si es limitante, intenta reformularla conscientemente en algo más positivo, constructivo o plantearlo como un reto o desafío.
- ¿Qué sientes ahora con esa creencia? ¿Qué ha cambiado?

Cambiar las preguntas

Reencuadrar los problemas implica un cambio de paradigma, de perspectiva y de visión, nos impulsa a ver las cosas desde otro prisma y a hacernos nuevas preguntas. Cuando nos hacemos preguntas negativas, como «¿Por qué siempre me pasa esto a mí?» o «¿Por qué no puedo hacer nada bien?», nuestra atención se centra en los aspectos negativos de nuestra experiencia, lo que puede amplificar nuestros sentimientos de frustración o desesperanza. Al cambiar la pregunta a algo más positivo o neutro, como «¿Qué puedo aprender de esta situación?» o «¿Qué pasos puedo dar para mejorar en esto?», dirigimos nuestra atención hacia el crecimiento y las soluciones, lo cual convierte el proceso en algo constructivo.

Algo importante que ocurre internamente al formular nuestra pregunta de un modo constructivo es que nuestra percepción de control sobre nuestra vida aumenta. Es decir, no tenemos la misma sensación de control al preguntarnos «¿Por qué siempre lo hago mal?», que al plantearnos «¿Qué pasos debo practicar para mejorar la próxima vez?». La primera pregunta nos posiciona en un rol de víctima y refuerza nuestra sensación de impotencia y de falta de control (locus de control externo); y con la segunda adoptamos un rol proactivo que resalta nuestra capacidad de controlar y mejorar la situación (locus de control interno).

Esto ocurre porque reencuadrar involucra activar diferentes redes neuronales que procesan la información de distinto modo. Cuando interpretamos una situación de manera negativa, se activan áreas del cerebro asociadas con el estrés y la ansiedad, como la amígdala. Al reencuadrar nuestra interpretación hacia una más positiva o neutra, podemos reducir la activación de estas áreas y en su lugar activar regiones asociadas con el razonamiento y la regulación emocional, como la corteza prefrontal, lo cual facilita una respuesta emocional más equilibrada.

Cuando interpretamos situaciones difíciles como amenazas o limitaciones, nuestro cerebro activa su sistema de alarma induciendo respuestas tanto fisiológicas (por ejemplo, mayor producción de cortisol) como psicológicas (ansiedad o miedo). Por otra parte, cuando interpretamos esa misma situación como un reto o una oportunidad para crecer, las respuestas de estrés se vuelven más manejables y nos permite rendir mejor bajo presión.

Imagina, por ejemplo, que has tenido un conflicto con un amigo o tu pareja y te sientes ansioso y abrumado, le das una y mil vueltas, te recreas en tus sentimientos e imaginas escenarios negativos hipotéticos continuamente. Para manejar esto de una manera más sana puedes hacerte ciertas preguntas estratégicas que te ayuden a reencuadrar la situación, verla desde una perspectiva distinta y facilitar así encontrar una solución o interpretarla de otro modo.

El proceso sería así:

Primero cierra los ojos y respira profundamente para calmar tu respuesta inmediata y pensar con más claridad.

Ahora hazte preguntas constructivas en lugar de dar vueltas a cada detalle negativo de la situación. Por ejemplo, podrías preguntarte:

- ¿Cuál es la raíz del conflicto? No te quedes solo en lo que ha ocurrido en esta ocasión, trata de llegar al núcleo del problema. A veces, lo que parece ser la causa es solo un síntoma de algo más profundo.
- ¿Qué es lo más importante para mí en esta relación? Reflexiona sobre los valores, significado o metas fundamentales que tienes para esta relación. Esto puede ayudarte a decidir cómo quieres proceder.
- ¿Cómo he contribuido al conflicto? Ser honesto contigo mismo sobre tu papel puede abrir caminos hacia la reconciliación o la solución.
- ¿Qué puedo aprender de esta situación? Cada conflicto ofrece una oportunidad para el crecimiento personal y el desarrollo de habilidades interpersonales.
- ¿Cuál sería el mejor resultado posible para ambos? Pensar en una solución ganar-ganar puede guiarte hacia enfoques más constructivos.
- ¿Cómo puedo comunicar mis sentimientos y necesidades de manera efectiva? La comunicación clara y empática es clave para resolver conflictos.

Ahora imagina que, en vez de un conflicto con alguien, lo que nos abruma es iniciar un nuevo proyecto, lo cual nos lleva a procrastinar. En este caso, las preguntas que te llevarían a verlo desde una perspectiva más amplia podrían ser:

- ¿Cuál es el objetivo final de completar este proyecto? Piensa en cómo este trabajo se alinea con tus metas personales o profesionales a largo plazo.
- ¿Qué obstáculos me están impidiendo empezar? Identifica los factores específicos que contribuyen a tu procrastinación. ¿Es miedo al fracaso, perfeccionismo o falta de interés?
- ¿Cómo he superado la procrastinación en el pasado? Reflexiona sobre las estrategias que te han ayudado antes y considera cómo puedes aplicarlas nuevamente.
- ¿Qué pequeño paso puedo tomar ahora para avanzar? Desglosa el proyecto en tareas pequeñas y manejables para evitar sentirte abrumado.
- ¿Cuál sería el impacto de completar este proyecto? Visualiza los beneficios y la satisfacción de terminar el trabajo.
- ¿Cómo puedo recompensarme por hacer progresos? Planifica recompensas para motivarte a avanzar en el proyecto.

Por último, imagina que lo que te abruma es un cambio importante en la vida, como podría ser mudarse a una nueva ciudad, comenzar en un nuevo trabajo o atravesar una ruptura. En este caso podríamos hacernos preguntas como:

- ¿Qué oportunidades me ofrece este cambio? Aunque el cambio puede ser aterrador, a menudo viene con nuevas oportunidades para el crecimiento personal, profesional o social.
- ¿Qué miedos tengo sobre este cambio? Identificar tus miedos puede ayudarte a abordarlos más directamente y encontrar formas de mitigarlos.
- ¿Cómo he manejado cambios importantes en el pasado? Reflexionar sobre cómo has superado otros desafíos anteriormente puede darte confianza en tu capacidad para afrontar esta situación.
- ¿Qué pasos puedo tomar para facilitar esta transición? Desglosar el cambio en pasos pequeños y manejables ayuda a sentirlos menos abrumadores.
- ¿Cómo puedo apoyarme a mí mismo durante este tiempo? Considera qué recursos (amigos, familia, actividades que te gustan...) pueden ayudarte a sentirte más seguro o a hacer el cambio más agradable.
- ¿Cuál quiero que sea el resultado final de este cambio? Visualizar un resultado positivo a medio o largo plazo puede motivarte y mantenerte enfocado en tus objetivos.

Al hacernos este tipo de preguntas nos damos el espacio para ver el conflicto desde una perspectiva más amplia y constructiva. En lugar de enfocarnos en la frustración o en ganar la discusión, podemos comprender mejor la situación, la relación y cómo podríamos contribuir a encontrar una solución.

Este enfoque no solo nos ayuda a resolver el conflicto de manera más efectiva, sino que también nos ayuda a fortalecer nuestras relaciones. El objetivo de ampliar nuestra perspectiva no es ignorar nuestros sentimientos o los problemas reales, sino permitirnos ver más opciones y posibles soluciones que no son evidentes cuando estamos atrapados en la intensidad de la emoción.

10

Cómo dejar de procrastinar

Organizar, no agonizar.

Virginia Woolf

Si quieres que un adolescente limpie y recoja su cuarto, dile que, en cuanto tenga un momento, vas a enseñarle a hacer la declaración de la renta. Verás que, como si de un milagro se tratase, le vendrán unas ganas irresistibles de hacer todo aquello que normalmente nunca quiere hacer: limpiar el polvo, ordenar su escritorio, hacer limpieza de armario e incluso organizar sus tareas en la agenda.

Algo parecido nos pasa cuando procrastinamos: hacemos mil y una cosas para retrasar todo lo posible aquello que debemos hacer, inventándonos responsabilidades u obligaciones y posponiendo día tras día aquello que tanta «pereza» nos da.

Aunque lo percibamos como «pereza», procrastinar no consiste exactamente en eso sino en algo más complejo que tiene que ver con aspectos como el miedo al fracaso, la ansiedad, la hiperexigencia o perfeccionismo, la falta de motivación o no saber por dónde empezar aquello que tenemos que hacer. Es una interacción de factores emocionales, cognitivos y situacionales que nos impiden avanzar afectando a nuestra productividad y consecución de metas.

La diferencia entre la pereza y la procrastinación es que en la primera, simplemente, no nos apetece hacer algo porque preferimos estar relajados o haciendo cosas más placenteras y no nos sentimos mal por ello. La procrastinación se produce cuando realmente tenemos la intención de hacer algo y sabemos que deberíamos hacerlo, pero nos vamos poniendo excusas para no empezar, lo vamos postergando y terminamos sintiéndonos culpables. Cuando procrastinamos hay una parte de nosotros que realmente quiere hacerlo pero otra que nos frena por miedo o preocupación. Nos decimos «Debería hacer esto, pero... (cualquier excusa que funcione como estrategia de evitación)» lo que nos lleva a sentirnos culpables o ansiosos. La diferencia clave radica en la presencia de conflicto interno o no y la importancia de la tarea: mientras la pereza se asocia con una falta general de interés o motivación para hacer algo, la procrastinación implica una lucha interna entre querer hacerlo y enfrentar barreras emocionales o cognitivas que nos «impiden» empezar la acción.

Para superar la procrastinación, lo primero que tenemos que hacer es identificar cuáles son concretamente las barreras que nos frenan y ponerles nombre. Para ello podemos hacernos las siguientes preguntas (te recomiendo que pienses en aquello que estás procrastinando y trates de responderlas):

- ¿Qué siento cuando pienso en comenzar esta tarea? Puede ser ansiedad, miedo, agobio, abrumación...
- ¿Qué me estoy diciendo a mí mismo sobre esta tarea? Presta atención a tu diálogo interno. Ahí puedes encontrar dudas, miedo a fracasar o creencias de no ser lo suficientemente bueno...
- ¿Qué es lo peor que podría pasar si hago esta tarea? Es posible que en esta respuesta encuentres miedo al juicio o que imagines escenarios muy negativos. Intentar revaluar con objetividad y de forma realista es una buena clave.
- ¿Estoy esperando el momento perfecto para empezar? A veces esperamos a que se den las condiciones perfectas para hacer algo y nos decimos que ese no es el momento. Preguntarnos en qué nos beneficia posponer la tarea puede darnos una buena respuesta y hará que nos demos cuenta de que, salvo en contadas ocasiones, este argumento solamente enmascara un miedo que tratamos de evitar. El momento perfecto no existe, lo más cercano a ello es el presente.

- ¿Qué pequeño paso podría dar ahora que no me abrume? Empezar con una acción mínima reduce la barrera para comenzar y puede ayudarnos a superar la parálisis por análisis.
- ¿Cómo me sentiré cuando haya terminado lo que tengo que hacer? Visualizar e imaginar el alivio o la satisfacción que sentiremos después de hacer esa tarea ayuda a motivarnos.
- ¿Qué actividades o pensamientos me distraen cuando me propongo comenzar? Si identificamos con qué solemos distraernos antes de comenzar, podremos implementar alguna estrategia para minimizarlos o evitarlos por completo.
- ¿Qué necesito para sentirme más preparado para hacer lo que quiero hacer? Si crees que necesitas recursos, más información o capacitarte mejor para empezar la tarea, identifícalo y empieza por ahí.
- ¿Cómo puedo dividir esta tarea en partes más pequeñas y manejables? Descomponer la tarea en pequeñas «subtareas» la hace menos «intimidante» y puede contribuir a desbloquearnos y dar el primer paso.

Plantearnos este tipo de preguntas nos ayuda a identificar qué es exactamente lo que nos está haciendo procrastinar para, por un lado, comprender mejor por qué nos está pasando y, por otro, buscar soluciones y aplicar estrategias más específicas en cada caso.

En este capítulo hablaré de estrategias generales útiles para dejar de procrastinar, pero lo ideal es que, una vez hayas identificado cuáles son tus motivos subyacentes concretos (hiperexigencia, miedo al fracaso, ansiedad, etc.), combines estas herramientas con las que explico en cada uno de los capítulos dedicados a ello.

Los cuatro básicos

Sea cual sea la estrategia que utilicemos para dejar de procrastinar, hay cuatro pasos básicos que, sí o sí, debemos llevar a cabo siempre que nos dispongamos a realizar una tarea, proyecto u objetivo.

El primer paso es aprender a priorizar, es decir, distinguir las tareas importantes y/o urgentes de las no importantes y/o que pueden esperar. Esto no solamente es necesario llevarlo a cabo en la gestión de proyectos o metas laborales, sino que es imprescindible hacerlo en nuestra esfera privada.

Priorizar en la vida personal es muy difícil de llevar a cabo, no porque no sepamos hacerlo, sino porque requiere que establezcamos límites claros y nos mantengamos firmes en ellos sin que nos afecten las opiniones externas.

La sociedad actual fomenta una necesidad de productividad constante y una sobrevaloración de la inmediatez que nos hace pensar, equivocadamente, que descansar y relajarnos en el sofá está mal y que no responder a todos los mails y wasaps es inaceptable. ¿Qué nos ha pasado? ¿En qué momento hemos desdibujado por completo los límites entre el tiempo laboral y el de descanso? ¿Cuándo hemos asumido que debemos estar siempre disponibles para los demás y viceversa? Tenemos derecho a no responder una llamada o un mensaje, incluso habiéndolo leído. No siempre es el momento de atender el teléfono o de hablar de ese tema que tenemos pendiente. Hay momentos en los que estar presente con nuestros seres queridos, o incluso con nosotros mismos, es lo verdaderamente urgente y prioritario, algo que solemos olvidar.

Con la llegada de los teléfonos móviles hemos perdido capacidad de empatía, de escucha y de comunicación. No nos miramos a los ojos como antes, no sabemos hacer una sola cosa a la vez, nos cuesta mantener la atención para leer un libro y somos incapaces de mantenernos en el momento presente. Es obvio que hay una pandemia mundial de salud mental (en España somos líderes mundiales en el consumo de benzodiacepinas, ansiolíticos e hipnóticos). ¿Qué hay más urgente y prioritario que solucionar esto?

La omnipresencia de los teléfonos móviles nos ha esclavizado a la inmediatez. A menudo perdemos de vista lo que es verdaderamente significativo en nuestras vidas y no hay otra forma de solucionarlo que reconocer que las prioridades «no productivas» son absolutamente necesarias para alcanzar nuestras metas «productivas» o profesionales con estabilidad mental y emocional.

Volver a vivir la vida, la real, la que pasa a nuestro alrededor y le pasa a las personas que queremos es urgente y prioritario. Cuidar de nuestras relaciones es urgente y prioritario.

Retomar la conexión mirándonos a los ojos, escuchar de forma activa a un amigo sin distracciones y exprimir al máximo el tiempo de calidad que nos queda con nuestros seres queridos es urgente y prioritario.

Vivir es urgente y prioritario.

El segundo paso consiste en definir nuestros objetivos claramente. Esto es, describirlos de forma precisa, evitando descripciones generales y ambiguas y, siempre que sea posible, de manera cuantificable y con plazos específicos. Al definir con exactitud nuestros objetivos transformamos una idea abstracta en un plan de acción preciso y tangible, lo cual hace que, por un lado, podamos visualizarlo mejor y nos mantengamos más motivados y, por el otro, podamos evaluar nuestro progreso y reajustar las estrategias conforme sea necesario. Por ejemplo, en lugar de proponernos «hacer más ejercicio», un objetivo bien definido sería «correr 20 minutos al día, tres veces a la semana, durante el próximo mes». Al ser específicos podremos ir midiendo nuestro progreso y ser más conscientes de él.

El tercer paso se trata de descomponer el objetivo en pequeños subobjetivos más pequeños y manejables para que no nos sintamos abrumados al inicio y nos sea mucho más fácil empezar. Además, una de las claves de la división de tareas es que nos mantiene muy motivados porque cada vez que alcanzamos un subobjetivo sentimos «el éxito», lo que nos genera confianza y da impulso para continuar comprometidos con nuestro propósito.

Y el cuarto paso es identificar cuáles son nuestros distractores y minimizarlos todo lo que podamos. Por ejemplo, si el desorden nos distrae, antes de empezar a trabajar organizaremos y limpiaremos nuestro espacio de trabajo; si nos distrae el teléfono o las aplicaciones, podemos dejarlo fuera de la habitación, desactivar los datos o usar aplicaciones que bloqueen o limiten el acceso a webs.

Por último, es bueno tener presente que todo lo que quede escrito sobre papel lo recordaremos más, mejor y de forma más concreta que si solo lo pensamos, y, cuanto más organizado y a la vista lo dejemos escrito, con mayor probabilidad seguiremos nuestro propio plan de acción. Es decir, lo mejor es que dejemos por escrito en una gran pizarra que tengamos a la vista el paso a paso de nuestro plan de acción. En función de cuál de las estrategias que a continuación explico para evitar la procrastinación y gestionar mejor el tiempo escojas, plasmarás en esa pizarra uno u otro plan de acción.

En síntesis, los cuatro pasos básicos son:

1. Priorizar tareas y objetivos: Distinguir entre lo urgente y lo importante en todos los aspectos de la vida, estableciendo límites claros para proteger el

tiempo personal y de descanso. Esto implica rechazar la idea de que siempre debemos estar disponibles y reconocer la importancia de momentos de calidad con nosotros mismos y nuestros seres queridos.

2. Definir objetivos claramente: Establecer metas específicas, cuantificables y con plazos definidos. Transformar ideas abstractas en planes concretos ayuda a visualizar el objetivo, mantener la motivación y facilitar la evaluación y ajuste del progreso.

3. Descomponer objetivos en subobjetivos manejables: Esta división contribuye a evitar la sensación de abrumo inicial y nos hace más fácil iniciar la tarea. Cada subobjetivo alcanzado aumenta la confianza y nos motiva a seguir hacia el objetivo principal.

4. Identificar y minimizar distractores: Reconocer los elementos que desvían la atención y tomar medidas para reducir su impacto al máximo. Esto puede incluir organizar el espacio de trabajo, limitar el uso de dispositivos móviles o escribir los planes de acción de manera visible para recordar y seguir los pasos establecidos de manera más efectiva.

Matriz de Eisenhower

Se cuenta que, estando Dwight D. Eisenhower, el 34.º presidente de los Estados Unidos, en su Despacho Oval, rodeado de montañas de papeles, teléfonos sonando sin parar y asesores entrando y saliendo incesantemente de la estancia, uno de sus asesores le preguntó cómo era capaz de lidiar con tantas tareas a la vez en medio de tanto caos.

Eisenhower le respondió: «Bueno, cuando era comandante durante la Segunda Guerra Mundial, no tenía la opción de postergar la invasión de Normandía porque me sentía abrumado por los correos o porque tenía una reunión atrasada con Churchill. Lo que hacía era simple: dividía mis desafíos en "importantes y urgentes", "importantes, pero no urgentes", "urgentes pero no importantes" y "ni urgentes ni importantes". Así decidía si lanzábamos una ofensiva, preparábamos un entrenamiento, delegaba la lectura de informes o simplemente ignorábamos las quejas sobre la comida de la cantina».

La matriz de Eisenhower es una herramienta de gestión del tiempo que ayuda a organizar las tareas, el tiempo y nuestros recursos. El objetivo de este método es ayudarnos a cumplir las metas que nos proponemos, ayudándonos a enfocarnos en las tareas verdaderamente importantes y minimizar el tiempo que invertimos en tareas menos importantes o irrelevantes de un proyecto.

La matriz divide las tareas basándose en su urgencia e importancia y distribuyéndolas en cuatro cuadrantes:

Cuadrante 1: Importante y urgente
Son tareas que requieren atención inmediata.

Estrategia: Hacer estas tareas inmediatamente, son las prioritarias.

Cuadrante 2: Importante pero no urgente

Son tareas que son importantes para alcanzar nuestras metas a largo plazo, pero que no requieren una acción inmediata.

Estrategia: Decidir cuándo se van a llevar a cabo estas tareas para evitar que se conviertan en urgentes.

Cuadrante 3: No importante pero urgente

Son tareas que te presionan porque parecen requerir atención inmediata, pero realmente no contribuyen a tus metas a largo plazo (típico de algunas llamadas telefónicas, correos electrónicos, interrupciones de otras personas...).

Estrategia: Retrogradar o delegar estas tareas siempre que sea posible.

Cuadrante 4: No importante y no urgente

Tareas que no son urgentes ni importantes.

Estrategia: Limitar o eliminar por completo. El tiempo es un recurso finito y muy valioso, no debemos malgastarlo.

La clave de esta matriz es que al distinguir de forma tan clara a qué debemos dedicar nuestro tiempo y energía y a qué no, simplifica y aclara mucho lo que debemos hacer, impidiendo que nos sintamos abrumados. Sin embargo, quizá lo más complejo de este método no sea llevar a cabo el método en sí, sino ser capaz de decir «no» a todo aquello que no nos acerca a nuestra meta.

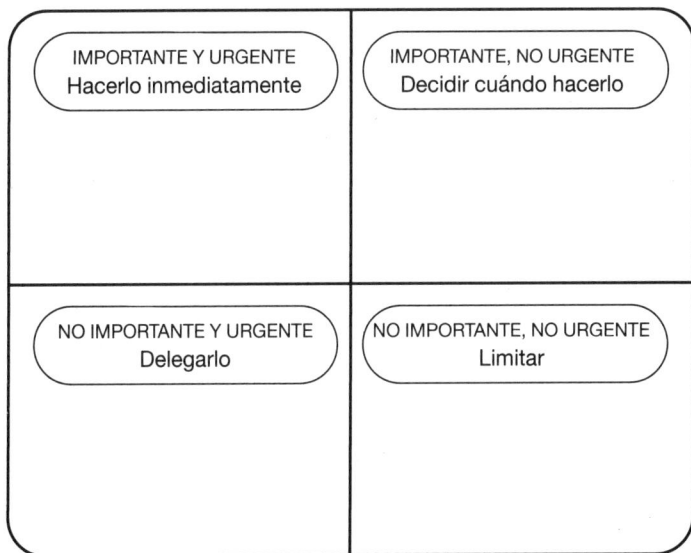

IMPORTANTE Y URGENTE Hacerlo inmediatamente	IMPORTANTE, NO URGENTE Decidir cuándo hacerlo
NO IMPORTANTE Y URGENTE Delegarlo	NO IMPORTANTE, NO URGENTE Limitar

Objetivos SMART

Como hemos comentado anteriormente, la forma en la que definimos nuestros objetivos determina en gran medida nuestras posibilidades de éxito. Puede hacer que nos sintamos motivados, o por el contrario, desinteresados; así como puede ayudarnos a mantenernos constantes o hacer que desistamos fácilmente.

SMART forma un acrónimo que hace referencia a las características que debe cumplir la forma en la que definimos un objetivo:

- S, de específico (*specific*, en inglés). Esto reduce las distracciones por definición. Hay que definir el objetivo de la forma más clara posible explicando el qué, cómo, cuándo, dónde y durante cuánto tiempo llevaremos a cabo la tarea. Así clarificamos qué es exactamente lo que queremos alcanzar y aumenta la motivación.
- M, de medible. Una buena meta se puede medir o cuantificar. Responde de forma clara a la pregunta «¿Cómo sabré que he alcanzado mi objetivo?», sin dejar lugar a la ambigüedad.
- A, de alcanzable. Es decir, es una meta realista, posible y razonable.
- R, de relevante. Cuanto más importante es alcanzar el objetivo para nosotros, mayor probabilidad de éxito.
- T, de tiempo. El establecer fechas límite para cuando debe alcanzarse el objetivo aumenta la posibilidad de consecución.

Muchas veces procrastinamos porque al no definir bien el paso a paso desconocemos qué hacer exactamente para conseguir nuestro objetivo. Cuando desglosamos una gran meta en pasos pequeños y claros, de repente, lo que parecía una gran montaña se convierte en una serie de pequeños cerros mucho más fáciles de escalar, lo que hace que tengamos una sensación de mayor control y de autoeficacia.

Método KANBAN

Kanban en japonés significa «tarjeta visual» o «señal», y es un método de gestión de proyectos que fue desarrollado por Toyota en los años cuarenta para mejorar la eficiencia en sus líneas de producción.

Esta técnica consiste en utilizar un tablero (físico o digital) en el que se divide el flujo de trabajo en diferentes columnas que representan las etapas (por ejemplo, «Por hacer», «En proceso», «En revisión» y «Hecho») y cada tarea se escribe en una tarjeta (o pósit) que vamos colocando en cada columna en función de en qué etapa se encuentra del proceso. Un aspecto importante a tener en cuenta es que hay que fijar un número máximo de tarjetas que puede haber en cada columna, a excepción de la primera y la última, para evitar sobresaturarnos. A medida que se trabaja en las tareas, las tarjetas se mueven de izquierda a derecha a través del tablero, reflejando así su progreso hasta llegar a «Hecho».

Por ejemplo, imagina que eres un escritor trabajando en tu próxima novela y decides usar el método Kanban para ordenar todas tus ideas, capítulos por escribir, investigación por llevar a cabo y revisiones pendientes. El método Kanban consistiría, primero, en definir las columnas, por ejemplo: «Por hacer», «En proceso» y «Hecho». Empezarías llenando la columna «Por hacer» con tarjetas que representasen cada tarea relacionada con la novela: «Investigar sobre la historia de Roma», «Escribir el capítulo 1», «Revisar diálogos del capítulo 2», «Revisión con el editor de capítulo 1», etc.

Luego, decides que solo trabajarás en tres tareas a la vez para no saturarte. Mueves las tarjetas de «Investigar sobre la historia de Roma», «Escribir el capítulo 1» y «Revisar diálogos del capítulo 2» a la columna «En proceso», para concentrarte completamente en estas tareas, sin distraerte con el resto del proyecto.

A medida que vas completando cada tarea y vas llenando la columna «Hecho», te vas haciendo consciente de cómo vas progresando, lo cual hace que te sientas motivado y vayas avanzando paso a paso, de forma estructurada, todo tu proceso hasta que, antes de que te des cuenta, has terminado la novela.

El método Kanban nos ayuda a visualizar nuestro progreso de manera muy clara y a mantenemos enfocados en unas pocas tareas a la vez. Al ver representadas físicamente todas nuestras tareas, desde las más sencillas hasta las más complejas, y colocarlas en el tablero según su estado, obtenemos una visión de nuestro flujo de trabajo. Además, cada vez que somos conscientes de que hemos completado una tarea, nuestro cerebro libera dopamina, el neurotransmisor asociado con el placer, lo que nos mantiene motivados y nos anima a continuar trabajando. Estas pequeñas pero recurrentes victorias y la claridad en cada momento del proceso, son la antítesis de la procrastinación.

POR HACER

EN PROCESO

EN REVISIÓN

HECHO

11

Cómo reducir la hiperexigencia y el perfeccionismo

> Quizá la fuente de la felicidad, si es que la tiene, esté en nuestro interior. Quizá consista en preservar el propio yo, no otro, y no en ser nunca otro por bueno que parezca. Quizá consista en aceptarse reflexiva y dócilmente como se es, y desplegarse.
>
> ANTONIO GALA

La hiperexigencia y el perfeccionismo son dos de las mayores fuentes de frustración del ser humano. Proponernos metas poco realistas, pretender la excelencia de inicio a fin y ser intolerantes con los fallos son las maneras más ineficaces y frustrantes de intentar alcanzar el éxito.

Pero vayamos por partes. ¿Qué entendemos por «éxito?».

El significado que cada uno le da a este concepto tiene un fuerte impacto en nuestro nivel de exigencia y perfeccionismo.

Por un lado, tenemos el significado individual que cada uno hemos construido a raíz de nuestros modelos de aprendizaje, de lo que nos exigían nuestros padres y madres, junto con otras figuras de referencia, y a través de nuestras propias experiencias. Por otro, tenemos el concepto «colectivo» de éxito (y fracaso) que la sociedad actual impulsa. Desde esta perspectiva, el éxito está relacionado con el estatus socioeconómico, el cual determina la capacidad de consumir que tiene cada uno y, tanto o más importante, con cómo los demás perciben esta capacidad.

Imagina a alguien conduciendo un Lamborghini, vestido de Massimo Dutti y un Rolex en la muñeca. Ahora imagina a una persona en chándal montada en un patinete. En el primer caso, probablemente habrás imaginado a un hombre (y no a una mujer, lo cual no es fortuito), blanco caucásico (no de rasgos africanos o asiáticos, tampoco fortuito) y, a diferencia del segundo caso, de forma más o menos consciente, lo habrás asociado al concepto de «éxito». La imagen que has formado en tu cabeza no es casual, hay una imagen colectiva de persona exitosa. Sin embargo, la única información que tenemos de estos dos individuos es que uno de ellos parece (sin poder poner la mano en el fuego) que tiene más dinero que el otro. Es decir, más capacidad para consumir. Y esto es lo que hace que lo asociemos directamente al éxito.

Nuestra sociedad tiene una visión muy reduccionista y sesgada sobre el concepto «éxito» y esto lleva a muchas personas a querer demostrar (en multitud de ocasiones, aparentar) una elevada capacidad para el consumo comprando objetos muy caros para poder mostrarlos y ser así mejor valorado socialmente. Como si el valor de una persona dependiera del valor de los objetos que posee... «Viceroy: no es lo que tengo, es lo que soy», ¿recuerdas?

De esta necesidad de aparentar, nace el gusto por ostentar, es decir, exhibir objetos que cuestan una fortuna, aunque funcionen igual que los que valen una décima parte, solo por el simple hecho de hacer creer a los demás (una forma más de dependencia a la validación externa) que no somos un *fucking* mileurista cualquiera.

Por supuesto, las redes sociales han desempeñado un papel crucial en el concepto de «éxito» del imaginario colectivo. El continuo escaparate de «vidas perfectas», éxitos y logros de otros nos crea una imagen sesgada tanto de los demás como de nosotros mismos. Una comparación en la que solemos salir perdiendo, puesto que lo único que vemos de los demás es lo que minuciosamente han escogido exponer para que veamos, y, sin embargo, de nosotros mismos, lo vemos todo: el escaparate y la trastienda.

Este es el motivo principal por el que hoy día, aun contando con más posibilidades de aprender; una mejor salud, alimentación y educación; pudiendo viajar más; teniendo más objetos y propiedades, más formas de divertirnos y más derechos sociales y laborales que nuestras generaciones anteriores, nos percibimos como más infelices que estas.

Hay dos maneras de hacer infeliz a una persona, una es quitándole todo lo que la hace feliz, la otra es haciéndole creer que necesita mucho más de lo que tiene para serlo. La sensación de bienestar o felicidad está directamente relacionada con la percepción de necesidad y carencia. Creer que necesitamos muchas cosas para ser felices, aumenta nuestra sensación de carencia, lo que nos hará complicado sentirnos felices. No es lo que poseemos, sino lo que creemos que podríamos tener y no tenemos, lo que la mayoría de las veces nos hace infelices.

Esto no es nada nuevo, hace mucho tiempo que la industria publicitaria conocía este aspecto de la psicología humana y supo sacarle partido. A pesar de que en las últimas décadas hemos satisfecho nuestras necesidades básicas más allá de lo que nuestras generaciones anteriores podían imaginar, la constante exposición a la publicidad nos ha dejado sintiéndonos más insatisfechos que nunca al aumentar nuestra sensación de carencia.

La magia del marketing

La llegada de la radio y la televisión a los hogares y, con ello, la constante exposición a los anuncios provocó que las familias empezaran a incrementar su consumo de bienes y objetos. ¿De qué manera?

Un buen anuncio es aquel que crea necesidades en el potencial consumidor y lo convence de que comprando su producto y cubriendo esa necesidad se sentirá más feliz. En una ocasión tuve la oportunidad de entrevistar a uno de los mejores directivos de marketing y publicidad de Coca-Cola, Burger King y Motorola. Estas empresas han llevado a cabo tan buenas campañas de publicidad que, aun hoy día, recordamos imágenes, escenas, mensajes e incluso la música y la voz de algunos de sus anuncios de hace años.

Uno de los ejemplos más claros de ello fue el anuncio «Para todos» de Coca-Cola, emitido en el año 2002 en más de ciento setenta países y traducido a más de veintitrés idiomas. En el anuncio aparecían imágenes del producto que, combinando latas, botellas y tapones, representaban distintas «identidades» mientras una voz e iba narrando...

Para los gordos. Para los flacos.
Para los altos. Para los bajos.
Para los que ríen.
Para los optimistas. Para los pesimistas.
[...]
Para los calculadores. Para los sencillos.
Para los que leen. Para los que escriben.
Para los astronautas.
Para los payasos.

Para los que viven solos. Para los que viven juntos.
Para los que se enrollan. Para los que besan.
Para los primeros. Para los últimos.
Para los hombres. Para los precavidos. Para ella.
[...]
Para los fuertes. Para los que se superan. Para los que
*   participan.*
Para los que viven. Para los que suman.
Para los que no se callan.
Para nosotros.
Para todos.

Si naciste antes de los noventa, es probable que mientras leías el texto hayas recordado la voz, el tono y hasta alguna imagen del mencionado anuncio. Y es que fue una de las mejores campañas publicitarias de la historia.

Pero ¿qué la hizo tan excepcional? La clave fue la fuerte conexión emocional con los valores del consumidor: la unión, la diversidad, la aceptación incondicional o el sentirse incluido en el grupo, fueras de la condición que fueses. «Para todos», decía. Una Coca-Cola te hacía formar parte de un grupo, iba directo a la necesidad del sentido de pertenencia (¿y a quién no le hace feliz sentirse formar parte de algo?).

En definitiva, el mensaje era: tomando una Coca-Cola, resuelves la necesidad de formar parte. Ergo, tomando una Coca-Cola, eres más feliz.

La magia del marketing.

Los gurús del éxito

Hasta ahora, la única que se encargaba de crearnos necesidades innecesarias era la publicidad. No obstante, con la llegada de las redes sociales todo cambió. Hoy día, todo el mundo ve continuamente aquello que no tiene y de lo que sí disponen otros en sus redes sociales: el cuerpo que uno no tiene y que sí tiene @pauliita_86; el coche que uno no tiene y que sí tiene @marc.mazado; la casa, el vestido, la familia, las vacaciones, el novio, la novia, la cita romántica y hasta los bíceps que uno no tiene y que sí tiene @fulanito_soymuytop.

Las redes nos recuerdan continuamente todo aquello que no tenemos y que o bien podríamos tener si nos esforzamos más, o bien nunca tendremos. Ambas interpretaciones nos generan insatisfacción y son fuente de infelicidad, dado que podremos conseguir muchas cosas, pero siempre va a haber muchísimas más que no poseemos que las que sí, inevitablemente. Es la trampa de la zanahoria en la que caemos, volviéndonos hiperexigentes en busca de una perfección que jamás llega porque es imposible alcanzarla.

Ni que decir tiene que aquí cumplen un papel importante los gurús del éxito (muchos de ellos con rasgos de psicópatas-narcisistas) que han inundado las redes y que, bajo el mal entendido concepto del estoicismo, se dedican a profetizar sobre la felicidad y la abundancia. En sus discursos hablan sobre el camino del éxito y el bienestar, que pasa por levantarse a las cinco de la mañana y trabajar en el cuerpo y la mente para convertirse en un hombre exitoso con fama, dinero y mujeres.

Critican y hablan del ego a través de mensajes moralistas (paradójicamente) que dicen qué es lo correcto y lo incorrecto, lo que los demás debemos hacer y no hacer. Suelen autodenominarse «personas humildes», aunque critican e invalidan a quienes no siguen sus rutinas o muestran desacuerdo con sus mensajes y dicen poseer un elevado nivel de conciencia, lo que les da potestad para juzgar y promover el odio (de forma impune, por cierto) hacia cualquier persona con panza o mileurista.

Según la filosofía de estos ilustres individuos, las enfermedades mentales como la depresión o la ansiedad son creadas, mantenidas y merecidas por quienes las padecen, puesto que no se esfuerzan lo suficiente por mejorar.

En fin, una oda a la meritocracia y extensa divulgación de infamias y falacias que impactan en cientos de miles de personas que las escuchan. Así, este tipo de mensajes van haciendo mella peligrosamente en la salud mental de nuestra sociedad.

El bombardeo de este tipo de mensajes, junto con las imágenes idealizadas de las redes sociales que enfatizan nuestra percepción de carencia, termina por hacernos creer que debemos esforzarnos más por alcanzar esos estándares inalcanzables (y sesgados) de perfección. Si a todo esto le sumamos el miedo a no ser valorados o reconocidos por los demás, no es de extrañar que muchas personas terminen obsesionadas con lograr una versión idealizada de ellas mismas, alimentando así la hiperexigencia y el perfeccionismo, como medio para asegurarse un lugar en esta sociedad.

El gran peligro de todo esto, sin embargo, radica en cuando la perfección que buscamos termina persiguiendo no únicamente la aceptación de la sociedad, sino que se convierte en condición necesaria para obtener la nuestra propia. Es decir, cuando acabamos necesitando la aceptación de la sociedad para aceptarnos a nosotros mismos. Es, llegados a este punto, cuando la hiperexigencia toma la batuta de nuestro diálogo interno y lo convierte en un juez para el que nada de lo que hacemos es suficiente.

Sentir que nunca eres lo suficientemente bueno, inteligente, talentoso, atractivo, ingenioso o cualquier otro adjetivo, genera mucho sufrimiento. Crea infinitos complejos de inferioridad e inseguridades y nos lleva a creer que no somos merecedores de amor, de que nos pasen cosas buenas, de ser felices o de cualquier cosa positiva que nos ocurra. Esto tiene un importante impacto en nuestra vida.

De hecho, el papel de la hiperexigencia y el perfeccionismo son tan determinantes que forman parte de los rasgos de perfiles propios de algunas enfermedades mentales, como los trastornos de conducta alimentaria, por ejemplo, donde la persona que lo padece nunca tiene el cuerpo lo suficientemente «perfecto» (a su modo de verlo) y, en esa búsqueda insaciable de perfección, es capaz de exigirse lo imposible (desde llevar a cabo una interminable rutina de ejercicio físico a una restricción absoluta de alimentos), le cueste lo que le cueste, incluso su salud.

La diferencia entre exigencia e hiperexigencia

En la exigencia, así como en la gran mayoría de los aspectos en la vida, el veneno está en la dosis: desayunar churros con chocolate una vez al mes está bien, cada día no; una copa de vino es buena para el sistema cardiovascular, doce no; tomar una horita de sol te aporta vitamina D y es bueno para la salud, exponerte ocho no.

Encontrar el punto de equilibrio es clave.

Entonces, ¿cómo podemos identificar si estamos siendo exigentes o hiperexigentes?

La exigencia nos motiva a superarnos y a crecer. La hiperexigencia nos lleva a ignorar nuestros límites físicos y emocionales. La exigencia nos ayuda a establecer metas realistas y alcanzables. La hiperexigencia nos marca objetivos irrealistas y a menudo inalcanzables que termina por generarnos frustración. La exigencia fomenta el aprendizaje. La hiperexigencia genera miedo al fracaso y parálisis. La exigencia busca un equilibrio entre las obligaciones/objetivos y el disfrute. La hiperexigencia nos hace sacrificar nuestro bienestar y relaciones personales en pro de logros que nunca parecen ser suficientes.

Imaginemos un jardinero exigente que cuida un jardín. Conoce todas las necesidades específicas de cada planta; sabe cuándo regar, cuánto sol necesita, cuándo es el momento adecuado para podar y cuándo para fertilizar. El jardinero observa, escucha y va ajustando sus cuidados según las estaciones y el estado de cada planta para que crezcan lo más sanas posible. Entiende que regar en exceso es tan perjudicial como no regar y que las vitaminas y fertilizantes hay que dosificarlos en su justa medida para no quemarlas o que les falten nutrientes.

Ahora imaginemos un jardinero hiperexigente. Este quiere que el jardín florezca rápido y alcance su máximo esplendor en poco tiempo, por lo que riega las plantas continuamente, las expone al sol todas las horas posibles y las fertiliza más de lo necesario, ignorando los ciclos naturales y las necesidades de cada una. El jardinero hiperexigente está tan obsesionado con alcanzar la perfección instantánea que no se da cuenta de que su afán, lejos de ayudar a las plantas a crecer sana y estéticamente, las está sofocando. Las plantas empiezan a mostrar signos de estrés; algunas se marchitan por el exceso de agua, otras se queman por estar demasiado al sol, y la gran cantidad de fertilizantes hace que la tierra se vuelva tóxica para ellas. Paradójicamente, en su intento de conseguir la perfección, el jardinero hiperexigente pasa por alto las necesidades reales de las plantas y pierde lo que más deseaba: la belleza de su jardín.

Del mismo modo, nosotros en nuestra vida diaria podemos ser el jardinero exigente o convertirnos en el hiperexigente. Querer llevar a cabo muchas cosas a la vez (alcanzar los objetivos profesionales; ser la mejor madre y esposa, también la mejor amiga, sin olvidarnos de cuidar a nuestros padres; realizar una rutina de ejercicios que nos mantenga bellas por dentro y por fuera; seguir una dieta sana y equilibrada; cultivar la mente; mejorar nuestras habilidades culinarias; mantenernos sexis y atractivas para no descuidar nuestra vida íntima y, por qué no, convertirnos en la trabajadora del mes para conseguir ese ascenso...), probablemente nos genere un nivel de ansiedad tal que, una de dos, o seremos incapaces de sacar adelante una sola cosa, o conseguiremos muchas de ellas, pero con tal malestar emocional que no nos merezca la pena.

Al igual que las plantas, nosotros también necesitamos respetar nuestros propios ritmos y necesidades. Exigirnos de manera sana para avanzar y crecer, implica escuchar y atender nuestro cuerpo, observarnos y ajustar nuestras exigencias para sostener nuestro esfuerzo a lo largo del tiempo sin marchitarnos ni quemarnos (literalmente, de ahí viene el término *burnout*) en el intento.

Estrategias para reducir la hiperexigencia

Identificar

En primer lugar, para identificar si estamos siendo exigentes o hiperexigentes en cuanto a la cantidad de proyectos/

deberes que estamos llevando a cabo, debemos visualizar de la forma más clara, objetiva y realista posible todo lo que estamos realizando en este momento. Para ello, es bueno verlo en términos de energía invertida y tiempo que le dedicamos a cada tarea.

Hay proyectos o procesos que, aunque quizá no nos demanden mucho tiempo, requieren de mucho esfuerzo energético y emocional. Por ejemplo, supongamos que lideras un equipo y alguno de sus miembros está pasando por un divorcio. Sabemos que un proceso de este tipo, aunque tal vez no ocupa mucho tiempo *per se*, suele ser emocionalmente agotador y demandar mucha energía, lo que sin duda afecta el rendimiento laboral. En este caso, cualquier líder con una minimísima dosis de empatía adaptaría sus expectativas. Quizá lo liberaría de algunos proyectos, toleraría algunos errores o comprendería que en algunos momentos no estuviera tan inspirado y creativo como en otros periodos. Esta flexibilidad probablemente ayudaría a esa persona a transitar mejor por su proceso de separación sin descuidar sus responsabilidades laborales, a pesar de no hacerlo al mismo nivel que de costumbre.

En cambio, si fueras un jefe inflexible y no tuvieras en cuenta el impacto emocional que está viviendo ese miembro de tu equipo, te convertirías en un director hiperexigente. Sin tolerar una mínima variación en el rendimiento de esta persona, ni un fallo ni un error, correría el riesgo de que esta se sintiera bajo demasiada presión y colapsara, o bien bloqueándose completamente en la ejecución de su trabajo o bien necesitando una baja médica por ansiedad o estrés.

Nosotros somos nuestros propios líderes y tenemos que decidir qué tipo queremos ser: el exigente y constructivo, flexible y realista que se adapta a nuestras necesidades y experiencias para ayudarnos a crecer, aprender y superarnos; o el hiperexigente explotador, intolerante e insensible, que pasa por alto nuestras circunstancias, llevándonos a un estado de frustración y agotamiento.

Dicho de otro modo: el primer paso para reducir la hiperexigencia es ser autocompasivos, amables y comprender el contexto y momento por el que estamos pasando. Conviene entender el «yo soy yo y mi circunstancia», que dijo en su día Ortega y Gasset para hacer referencia a este mismo concepto de la «autocompasión».

Redistribuir

El segundo paso es muy sencillo. Todos sabemos que un día tiene veinticuatro horas; que, de esas veinticuatro, entre seis y ocho deben dedicarse al descanso, y que dedicamos unas tres horas al día de media a nuestra higiene personal, aseo de la casa, cocinar, comer e ir a comprar.

Teniendo en cuenta solo el mínimo de horas que una persona invierte en su supervivencia, quedan catorce horas disponibles. Sin embargo, la mayoría de las personas, además de esas horas, trabajamos unas ocho diarias, invertimos tiempo en el desplazamiento y dedicamos unas cuantas más a hijos o personas que dependen de nuestros cuidados. En resumen, que los días laborales de una persona media dejan muy poco tiempo libre.

Ser conscientes del tiempo que nos queda disponible para llevar a cabo los objetivos que queremos cumplir nos permite ser realistas en lo que nos exigimos. Para ello, representaremos de la forma más visual posible (lo más recomendable es hacer un horario semanal por horas) el tiempo que le dedicamos a cada actividad diariamente para ver el que nos queda disponible para dedicárselo a nuestros objetivos.

Si, tras representar nuestro horario, solamente nos queda una hora libre al día, por ejemplo, deberemos adecuar nuestros objetivos siendo conscientes del tiempo que podemos dedicarle. Es decir, si queremos ir al gimnasio, leer un libro y meditar, no podemos plantearnos llevar a cabo las tres actividades todos los días porque, o bien nos abrumaremos y no disfrutaremos ninguna de las tres, o bien nos frustraremos porque las haremos todas pero ninguna bien hecha, o, sencillamente, acabaremos abandonándolas.

En un caso como este, no es realista exigirnos cumplir con los tres objetivos diariamente, sino que deberemos ajustar expectativas y adaptarnos. Una alternativa podría ser no hacerlo todo todos los días sino hacer una actividad cada día; otra sería posponer una de las metas y dejarla para un momento en el que dispongamos de más tiempo libre, y otra sería revisar nuestro horario y contemplar la opción de renunciar a alguna otra cosa en pro de poder llevar a cabo los tres objetivos (es decir, reordenar prioridades, si es posible).

Cambio de mentalidad

Muchas veces, a pesar de haber tomado conciencia del tiempo real del que disponemos y los objetivos que queremos alcanzar, tendremos, además, que hacer un cambio en la mentalidad con la que enfrentamos los retos: pasar de una actitud de jefe explotador a una de líder motivador.

Es aquí donde entra en juego nuestra definición de los conceptos de «éxito» y «fracaso». Solemos pensar que el éxito es únicamente la consecución de unos resultados favorables o deseados: buenos resultados equivalen a éxito. No obstante, olvidamos que el éxito también se mide por los procesos: podemos tener éxito en el proceso y no en los resultados y éxito en los resultados, pero no en el proceso.

El sistema educativo convencional es un buen ejemplo de ello. Imaginemos un alumno X con una alta capacidad de concentración que saca muy buenas notas, por lo que sus padres y profesores lo consideran un éxito. Sin embargo, unos días después de hacer el examen no suele recordar nada de lo aprendido y cuando se le presentan problemas donde debe relacionar conceptos para resolverlos, es incapaz de solucionarlos.

Por otro lado, tenemos al alumno Z, que tiene dificultades para concentrarse y saca malas notas en los exámenes. Ni los profesores ni sus padres están contentos con sus calificaciones y es considerado un «fracaso escolar». Con todo, el alumno Z entiende bien todo lo que estudia y es capaz de explicarle a otros compañeros los conceptos que no entienden. Además, en su día a día es una persona muy resolutiva, capaz de asociar ideas y conceptos que le llevan a resolver problemas de forma eficaz. En otras palabras, el alumno Z suspende exámenes, pero aprende.

¿Cuál de los dos casos es un éxito? ¿Cuál es un fracaso? El alumno X tiene éxito en sus resultados, pero no en el proceso. El alumno Z tiene éxito en el proceso, pero no en los resultados.

Si reconsideramos los conceptos de «éxito» y «fracaso» y nos salimos del reduccionismo con el que habitualmente se definen, obtendremos una visión muy distinta de ambos.

Disfrutar del proceso

¿Qué tienen en común Pepe Mujica y Steve Jobs?

«Fracasados solo son aquellos que bajan los brazos», es una de las citas más conocidas de Pepe Mujica, quien, antes de ser presidente de Uruguay, luchó con los Tupamaros en la guerrilla de los años sesenta y setenta en América Latina y fue encarcelado en época de la dictadura cívico-militar uruguaya durante más de una década, sometido a torturas y condiciones de reclusión extremas. Su historia es un viaje de lucha, resistencia y transformación, pasando de estar en las peores condiciones en las que puede estar un ser humano a ser presidente del país. Esta experiencia le permitió tener una perspectiva muy rica y sabia sobre el significado del fracaso y el éxito, viendo en la perseverancia y en la resiliencia frente a la adversidad el verdadero valor de la vida humana.

En un contexto completamente diferente, Steve Jobs, cofundador de Apple, afrontó multitud de altibajos personales y profesionales, incluyendo su despido de la empresa que él mismo había ayudado a crear. Refiriéndose a ese momento de su vida, Jobs dijo: «He sido despedido de Apple y en doce años regresé. He sido despedido y he aprendido que ser despedido fue lo mejor que me pudo haber sucedido. La pesadez de ser exitoso fue reemplazada por la ligereza de ser un principiante de nuevo, menos seguro, sobre todo. Esto me liberó para entrar en uno de los periodos más creativos de mi vida».

Esta y muchas otras citas del empresario reflejan cómo Steve Jobs enfrentó sus propias dificultades: enfocando estos momentos no como un signo de fracaso, sino como oportunidades para aprender, crecer y redefinir la visión de sus objetivos.

La historia de Pepe Mujica y Steve Jobs, con vidas, mentalidades y objetivos completamente diferentes, confluyen en el enfoque sobre el camino hacia el éxito. Para ambos, disfrutar del proceso y aprender de cada paso dado, incluso de los errores, es lo que da sentido a nuestra experiencia y nos predispone a lograr resultados.

Y ¿qué puede acercarse más a la verdad que aquello que trasciende fronteras, ideales, posiciones económicas y contextos políticos, sociales e históricos? Resignificar lo que consideramos éxito y fracaso, centrándonos en la perseverancia y la capacidad de superar los desafíos, no solo nos ayuda a liberarnos de la hiperexigencia sino que también fomenta un crecimiento continuo. Ser resiliente y no rendirse ante las primeras adversidades constituye, en sí mismo, una forma de éxito, independientemente de los resultados finales. De este modo, la resignificación de «éxito» y «fracaso» nos impulsa a hacer aquello que por unanimidad recomiendan encarecidamente los grandes triunfadores: apartar la vista de los resultados para disfrutar del proceso.

El perfeccionismo es un obstáculo para la excelencia

Querer hacer las cosas bien no es malo, por supuesto, pero cuando somos demasiado perfeccionistas y nos autoimponemos estándares inalcanzables y nos criticamos implacablemente por no conseguirlos, se convierte en un problema. Una de las peores (y más comunes) consecuencias del perfeccionismo es que, al pretender hacerlo todo bien y no tolerar el error, nos impide empezar procesos. Al inicio de cualquier proyecto o tarea, cuando aún no tenemos experiencia, es normal cometer errores y que las cosas no salgan tan bien como nos gustaría. Si no nos permitimos cometer fallos, ni siquiera cuando estamos empezando a aprender algo, jamás daremos esos primeros pasos necesarios repletos de errores que nos permiten convertirnos en alguien experimentado. Toda excelencia requiere de experiencia, cualquier experiencia necesita un primer paso y todo primer paso está, a menudo, repleto de fallos.

Si no nos permitimos el error, jamás daremos ese primer paso que podría llevarnos a la excelencia. Ha de superarse la paradoja de querer avanzar, pero sin permitirnos el espacio necesario para el crecimiento personal que solo viene a través de la experiencia y el error.

Enfrentar el miedo al fracaso

Disfrutar del proceso implica aceptar que cada paso, incluso aquellos que nos desvían o nos hacen tropezar, es positivo porque contribuye a desarrollarnos y a crecer. Cuando le damos valor, no solo a la meta final, sino a todo lo que aprendemos y crecemos durante el camino hacia ella y empezamos a considerar los errores como oportunidades para mejorar, dejamos de ver el «fracaso» como una catástrofe y el miedo que nos provoca comienza a disminuir.

Sin este temor, nos liberamos de una gran losa, de un

gran peso que a menudo nos paraliza y nos impide tomar riesgos o probar nuevas ideas. Así, nos atrevemos a experimentar, a ser más creativos y probar cosas innovadoras, lo cual son acciones y actitudes que, sin duda, nos acercan más a alcanzar metas.

12

Cómo reducir la necesidad
de aprobación

A veces se tiene usted por demasiado raro y
se reprocha seguir caminos distintos a los
que sigue la mayoría. Deje usted eso. Contemple el fuego, contemple las nubes, y en
cuanto surjan los presagios y comiencen a
sonar las voces, abandónese en ellas sin pre-
guntarse antes si le conviene o le parece bien
al señor profesor, a papá o a un buen dios
cualquiera. Con eso no hace uno más que
echarse a perder.

HERMANN HESSE

Todos hemos sentido el miedo a hacer el ridículo alguna
vez. La idea de que los demás puedan pensar de nosotros
que somos tontos o incapaces, hace que reprimamos nues-

tro comportamiento espontáneo y, con ello, nuestra autenticidad.

Dicho de otro modo, lo que pensamos que los demás pueden pensar de nosotros modula nuestra conducta y, a su vez, la expresión de nuestra personalidad. Es una especie de opresión a la que nos sometemos nosotros mismos por el temor a que nuestro yo más auténtico no agrade a las otras personas.

Esto, por una parte, afecta a nuestra identidad (¿quién soy?, ¿soy la que actúa o la que se reprime?, ¿soy lo que digo que pienso, lo que verdaderamente pienso o lo que me impide decir lo que pienso?, ¿soy la que se muestra o la que se esconde?... y un sinfín de preguntas filosóficas que darían paso a infinitas reflexiones que no vamos a entrar a debatir ahora). Y, por otra, aumentamos la inseguridad en nosotros mismos, ya que al evitar mostrarnos cómo somos, alimentamos la creencia de que si nos expresamos genuinamente no vamos a gustar.

El deseo de aprobación externa nace, como hemos explicado anteriormente, de la necesidad de formar parte del grupo: cuanta más aprobación obtengo, más probable es que me acepten dentro del clan. Sentirnos formar parte de algo nos da seguridad ya que, hablando en términos antropológicos, es lo que nos ha permitido sobrevivir como especie. Por lo tanto, hasta cierto punto, es «natural» desear sentirnos aprobados por los demás.

Cuando esta necesidad de aprobación es excesiva, empezamos a vivir por y para cumplir las expectativas de otros. Adaptamos nuestro comportamiento (lo que decimos, lo que comemos, lo que vestimos y las decisiones que tomamos) en función de lo que creemos que va a agradar más a los demás.

Esto, por un lado, nos aleja de nuestro yo más auténtico e impide que hagamos lo que realmente nos haría sentir realizados y plenos con nosotros mismos. Nos posiciona en un estado de incoherencia o conflicto personal que no deja que nos sintamos satisfechos, lo cual está íntimamente relacionado con nuestra percepción de felicidad.

Si tomamos nuestras decisiones guiadas por lo que dictan otras personas o la sociedad, en vez de basándonos en nuestros deseos y valores, jamás nos podremos sentir personalmente realizados. Es la autorrealización y satisfacción personal, relacionadas con la consecución de propósitos, las que dotan de sentido a la vida de cada uno, y esto es necesario para alcanzar la paz y el bienestar con uno mismo.

Cuando actuamos en función de lo que en verdad sentimos y pensamos, sin dejarnos llevar por lo que los demás esperan de nosotros, o en función de sus juicios, podemos vivir de manera íntegra y coherentemente con nuestros valores y principios. Esta coherencia, fruto de la autenticidad y de la esencia de cada persona, es una condición indispensable para vivir una vida plena. Entonces, solo cuando vivimos libremente y fieles a nosotros mismos podemos darle un sentido a la existencia, sentirnos realizados y alcanzar la satisfacción personal.

Para muchos, esta es la mejor definición de «felicidad».

Por otro lado, paradójicamente, cuanto más hacemos por agradar a los demás, más probable es que consigamos lo contrario. Cuando buscamos la aprobación de todo el mundo actuamos como un político en plena campaña electoral: pronuncia discursos populistas y hace promesas imposibles de cumplir para que llueva a gusto de todo el mundo. Ese camino no lleva demasiado lejos: enseguida se hará evidente la farsa, no podrá cumplir con sus promesas, las personas se sentirán engañadas al comprobar que no mantiene su palabra... Lejos de conseguir lo que se planteaba, el político lo único que conseguirá es que gran parte de sus votantes terminen enfadados con él.

A las personas que buscan la aprobación de todo el mundo les ocurre lo mismo: al querer complacer y quedar bien con todos, terminan fallando a muchas personas (ya que complacer a unos y otros termina siendo, muchas veces, incompatible) y, lo que es más grave, acaban fallándose también a sí mismas.

Las personas auténticas, que no le ponen demasiado empeño a agradar a los demás, generan sensación de honestidad y confianza, lo que hace que a menudo terminen siendo las que más agradan. De hecho, según los estudios sobre atracción interpersonal, la autenticidad es una de las características consideradas más atractivas por todos los géneros y orientaciones sexuales.

En conclusión, lo que mejor funciona a la hora de agradar a los demás es no poner mucho esfuerzo en conseguirlo.

¡Quítate ese corsé!

Cuenta una leyenda que Elia, una joven que vivía en un reino muy muy lejano, vestía a diario con un corsé de plata que estilizaba y definía su figura, lo que era alabado por todo el mundo. El corsé, aunque brillante y precioso a los ojos de los demás, era para Elia una jaula que comprimía su pecho cada vez que respiraba y que le impedía bailar, correr y trepar a los árboles, como a ella tanto le gustaba hacer cuando era pequeña. Elia mantenía en secreto ese anhelo de libertad y muchas veces trataba de olvidarlo, pues creía que si se quitaba el corsé que tanto gustaba a la gente ya nadie la querría y sería despreciada por todo el reino.

Una noche, Elia fue invitada a un baile donde una misteriosa mujer le ofreció una copa de la que bebió sin saber lo que contenía. La mujer desapareció entre la muchedumbre sin dejar rastro y Elia, aunque extrañada, prosiguió con su noche. Unos minutos después, la joven sintió un deseo irreprimible de bailar. Al principio, comenzó a mecerse tímidamente al ritmo de la música, pero, poco a poco, sus pies y sus manos empezaron a moverse al son de la banda llevándola de un lado a otro de la sala de baile.

Sus piernas y sus brazos no dejaban de moverse, su corazón cada vez latía más fuerte y su respiración se aceleraba con cada paso que daba. Necesitaba bailar con todo su cuerpo, pero su torso y sus caderas estaban rígidos e inmóviles, aprisionados dentro de aquel corsé.

El deseo de bailar se convirtió en una fuerza indomable que latía dentro de Elia. Impulsada por la música y la magia desconocida de la copa, se retiró a un rincón apartado del salón dispuesta a hacer algo impensable. Con manos temblorosas pero decididas, comenzó a desabrochar su corsé de plata, soltando cada uno de los corchetes que la habían mantenido cautiva durante tanto tiempo. A medida que el corsé se aflojaba, una sensación de alivio y libertad se iba apoderando de ella, hasta que con el último clic del corchete el corsé cayó al suelo, liberando su respiración, su cuerpo y su alma.

Volvió a la pista de baile, no como la joven que todos esperaban ver, sino como su verdadero yo, salvaje y libre.

La gente se detuvo para mirarla. Algunos susurraban y criticaban, incapaces de comprender cómo alguien podía desprenderse de lo que todos valoraban tanto. Pero a medida que la noche avanzaba, la energía pura y sincera de Elia fue contagiando a todos los demás y uno a uno comenzaron a liberarse de sus propias restricciones, permitiéndose ser ellos mismos mientras danzaban.

Al llegar el alba, Elia, exhausta pero feliz, recogió el corsé del suelo. No con intención de volver a ponérselo, sino como un recordatorio de lo que había superado. Al mirarlo, comprendió que el verdadero valor no residía en las expectativas de los demás o en el brillo superficial de la plata, sino en la autenticidad y la libertad de ser uno mismo.

Se cuenta que, desde entonces, en ese reino muy muy lejano, las personas empezaron a valorarse no por cómo lucían por fuera, sino por la riqueza de su espíritu. Elia, con su valentía, les había enseñado que la verdadera felicidad y belleza florecen cuando nos atrevemos a quitarnos el corsé de las expectativas ajenas y bailamos al ritmo de nuestra propia música.

Pon una Elia en tu vida

Todos conocemos a una Elia, esa persona que se quitó el corsé (o nunca se lo puso) y vive su vida de forma auténtica, se expresa honestamente y toma decisiones de manera íntegra y coherente con sus deseos y valores. Si te paras a pensar unos segundos, estoy segura de que has identificado quién es Elia en tu vida. Quizá no la conoces personalmente, puede que sea alguien que marcó la historia, tu tatatarabuela, un líder social que resuene con tus principios o algún personaje de ficción. No es relevante cómo de cerca o lejos estés de esa persona, lo importante es que la tengas presente y sea una guía para ti, un referente.

Un referente es una figura muy útil, especialmente en los procesos de cambio o de crecimiento personal. Es alguien que, por su forma de ser, de actuar o de pensar, nos despierta profunda admiración y nos inspira a vivir nuestra vida de un modo más pleno y acorde con nuestros propios valores. No se trata de querer convertirnos en alguien que no somos ni de imitar a otra persona, sino de tomar como modelo a alguien a quien admiramos para avanzar por un camino del que nos sintamos orgullosos. Si tu referente es una figura histórica, un líder social o un personaje de ficción, sumérgete en su historia: lee sobre él o ella, mira documentales, escucha conferencias o pódcast donde se hable de su vida y su obra. Pregúntate cuáles son los valores o cualidades que más admiras y defínelos. Si la persona que admiras, en cambio, es alguien que conoces personalmente, intenta aprender al máximo de ella observando su forma de actuar, conversando con ella o, directamente, haciéndole las preguntas que necesites hacerle.

Tener presentes y bien definidos cuáles son los valores que queremos que guíen nuestros pasos y tener un modelo en el que fijarnos es una de las mejores vías para sentirnos autorrealizados y satisfechos con nosotros mismos.

Por ejemplo, imagina que lo que más aprecias de esa persona a la que admiras es su actitud positiva, su sentido del humor, su amabilidad y su honestidad. Una vez tienes definidas cuáles son exactamente esas cosas que quieres incorporar en tu modo de actuar o pensar (es recomendable que no sean más de cuatro o cinco), podrás convertirlas en tus directrices (como una especie de mandamientos propios) y guiarte por ellas en tu cotidianidad y a la hora de tomar decisiones.

Una opción es aplicar esto como una *check list* mental y preguntarte a ti mismo si ante *x* situación estás (siguiendo con el ejemplo anterior) teniendo una actitud positiva, te lo estás tomando con humor, estás siendo amable con quien la compartes y si estás siendo realmente honesto con lo que dices y tu forma de actuar.

La otra opción, mucho más rápida, es preguntarte: «¿Qué haría la persona a la que admiro en esta situación?».

Como ya hemos dicho, esa persona puede ser real o de ficción, incluso imaginaria, un *alter ego*. Lo importante es que esa figura exista en tu mente y recrees mentalmente cómo actuaría, qué actitud tendría o cómo se comunicaría y trates de hacer lo mismo. Es importante que incorpores esas cualidades o actitudes respetando tu propia personalidad, es decir, no se trata de crear un personaje o actuar forzadamente sino de tomarlo como una guía y adaptar a tu forma de ser aquellas aptitudes que quieres incorporar en ti.

Aristóteles dijo que el pensamiento condiciona la acción, la acción determina los hábitos, los hábitos forman el carácter y el carácter moldea el destino. Y es que manteniendo en nuestro pensamiento esos valores y actitudes que queremos incorporar, conseguiremos cambiar nuestro modo de actuar. Y esos pequeños cambios, repetidos un día tras otro durante el tiempo suficiente, harán que creemos nuevos hábitos. Y esos nuevos hábitos sostenidos a lo largo del tiempo moldearán nuestro carácter y actitud.

Hasta que, al fin, nuestra forma de ser y de actuar se asemeje al máximo a la que realmente queramos que sea, esto es, hasta que nosotros mismos nos convirtamos en aquella persona que admiramos y en nuestro propio referente.

Autoafirmaciones

Las autoafirmaciones son mensajes que nos damos a nosotros mismos con el objetivo de insuflarnos fuerza, ánimo o apoyo moral. Son verbalizaciones internas positivas que nos ayudan a afrontar situaciones difíciles o mejorar nuestras capacidades. Ahora bien, cuando hablamos de autoafirmaciones debemos tener en cuenta algunos aspectos importantes para que estas tengan realmente el efecto que buscamos y no el contrario.

Las autoafirmaciones deben ser realistas y coherentes porque deben ser creíbles y significativas para nosotros. No sirve de nada decirnos «yo puedo con todo» porque, realmente, no, no puedes con todo. Nadie puede con todo. Lo más probable es que si nos repetirnos este tipo de autoafirmaciones acabemos obteniendo un efecto negativo, puesto que nos estaremos sobreexigiendo algo imposible e imponiendo unas expectativas irrealistas. Entonces, cuando sintamos que no estamos pudiendo con todo, nos sentiremos insuficientes y frustrados, lo que afectará de forma negativa a nuestra autoestima.

Hay una idea extendida completamente equivocada

sobre cómo funcionan las autoafirmaciones. Muchas personas creen que, si una persona se siente fea, mirarse al espejo y decirse «Soy guapísima» cada mañana hará que se sienta más bonita, pero no funciona así. De hecho, eso es lo peor que puede hacer. Primero, porque cuando uno cree en algo no puede dejar de creerlo simplemente por imposición; segundo, porque al decirse algo que ni siquiera él mismo cree que es cierto le hará sentir muy estúpido; y, tercero, porque al ver que por más que se lo repita una y otra vez no hace que se sienta más guapo, le generará sentimientos de frustración.

Así pues, esa persona no solo habrá perdido su tiempo y energía en algo ineficaz, sino que, además de seguir sintiéndose igual de fea, se sentirá estúpida y frustrada.

Las autoafirmaciones tienen que ayudarnos a tener una visión más positiva y eso no se consigue con ideas fantásticas ni poco creíbles; al contrario, debemos construir afirmaciones que incluyan la autoaceptación y nos ayuden a valorar aspectos o a ver desde perspectivas que antes no veíamos.

Así, una persona que se siente fea, en vez de decirse «Soy guapísima» puede decirse qué aspectos de su físico o forma de ser la hacen atractiva o recordarse cuáles de sus características son seductoras o cautivadoras. Ello puede llevarse a cabo, por ejemplo, dando énfasis a aspectos de su personalidad: «Mi simpatía y mi sentido del humor son mi mejor arma de seducción» o «Lo realmente cautivador es la actitud de una persona». Asimismo, puede destacar aspectos concretos de su físico que realmente le parezcan atractivos, de modo que ponga su foco en ellos y no le dé tanto protagonismo a aquellos que no le gustan: «Tengo una mirada bonita» o «Mi pelo luce increíble»...

La clave de las autoafirmaciones es recordarnos algo positivo de nosotros mismos, restarle protagonismo a aquello que no nos gusta, o darnos fuerza y ánimo para conseguir lo que queremos. Es una manera de reforzar nuestra confianza y autoestima para afrontar los desafíos del día a día desde una perspectiva más positiva y manejar mejor el estrés, la ansiedad o el malestar. Pero estas siempre deben ser realistas para que sean efectivas.

¿Cada cuándo debemos decirnos autoafirmaciones? La frecuencia con la que nos decimos las autoverbalizaciones para que tengan efecto es muy variable, pero hay algunos momentos clave que ayudan a potenciar su eficacia. Si lo hacemos diariamente por la mañana, nos prepara para afrontar el día con una actitud más positiva; y si lo hacemos por la noche, nos ayuda a reflexionar sobre nuestros logros y a reconocernos el esfuerzo de toda la jornada para ir a la cama con sentimientos positivos y de satisfacción.

También podemos hacerlo justo antes de momentos importantes como reuniones, salir a hablar en público o cualquier otra situación que nos genere inseguridad para aumentar la tranquilidad y confianza. O, por último, podemos recurrir a las autoafirmaciones cada vez que nos sintamos abrumados por emociones muy intensas para ayudar a gestionarlas y reducir el malestar.

La mejor manera de utilizar las autoafirmaciones es, primero, identificando cuáles son los aspectos o momentos que nos generan inseguridad; después, construir autoafirmaciones creíbles y realistas para nosotros que tengan un efecto tranquilizador o empoderante en nosotros; a continuación, escribirlas en algo que podamos tener a mano para leerlas si es necesario en cualquier momento, y, por último, leerlas cuando sea necesario o a diario como parte de nuestra rutina.

A continuación se exponen algunas autoafirmaciones que reúnen las condiciones necesarias para que, si se repiten con frecuencia y de forma consciente, resulten eficaces en el tema que nos ocupa en este capítulo, es decir, el de reducir la necesidad de aprobación externa.

- «Mi valor no depende de la opinión de los demás».
- «No estoy aquí para cumplir las expectativas de nadie».
- «Las únicas expectativas que debo cumplir son las mías».
- «La opinión de los demás no define mi realidad».
- «Soy suficiente tal como soy, con o sin la aprobación de otros».
- «Lo que realmente importa es cómo me siento respecto a mis acciones y decisiones».
- «Elijo vivir según mis propios valores y principios, no por expectativas ajenas».
- «La única aprobación que necesito es la mía propia».

- «Mis errores son oportunidades para aprender, no para buscar validación externa».
- «Prefiero ser fiel a mis valores y desagradar a algunos, que fallarme a mí mismo/a para complacer a todos».
- «Estoy comprometido con mi crecimiento personal, no con la percepción que otros tienen de mí».

13

Cómo aumentar la seguridad en uno mismo

> Un pájaro posado en un árbol nunca tiene
> miedo de que la rama se rompa, porque su
> confianza no está en la rama, sino en sus alas.
>
> Charlie Wardle

¿Cuál es la diferencia entre una persona que defiende sus ideas y una que no las reivindica? ¿Y entre la que hace que su voz sea escuchada y la que no? ¿Qué hace que alguien se compare con los demás continuamente y sienta que nunca está a la altura? ¿Qué lleva a una persona a intentar conseguir sus sueños a pesar del riesgo a fracasar?

La respuesta a todas estas preguntas es una sola: la seguridad en uno mismo.

La seguridad personal es la percepción de estar bien equipado para manejar lo que se nos presente en la vida.

Muchas veces se confunde seguridad en uno mismo con creer que uno es capaz de conseguir todo lo que se proponga, pero una y otra cosa son distintas. En el primer caso hablamos de sentirnos capaces para afrontar retos, tomar decisiones y gestionar situaciones difíciles de forma eficaz, tanto en práctica como emocionalmente. No obstante, la creencia de que uno puede alcanzar toda meta que se plantee se basa más en un optimismo infantiloide que en la percepción de seguridad.

La gran diferencia entre una y otra es que en la seguridad, la posibilidad de fracasar está presente y, aun así, uno se considera capaz de afrontar el reto. Esto es, uno se percibe con las herramientas necesarias para lidiar con las caídas y contratiempos, si fuera necesario. La consecuencia de ello es que una persona con autoconfianza, a pesar de ser consciente de que puede fallar y no conseguir sus metas, no se siente tan amenazada por esto como para dejar de intentar ir a por ellas.

Un mismo hecho puede ser percibido como algo muy amenazante o algo irrelevante. Lo que hace que lo veamos de una u otra manera radica, principalmente, no en el hecho en sí, sino en lo preparados que nos sintamos para hacer frente a ese hecho.

Es decir, lo que determina nuestra inseguridad ante algo no es la posibilidad de que termine en fracaso, sino la percepción de nuestra eficacia para afrontarlo. Por ello el autoconocimiento, o sea, saber cuáles son nuestras virtudes y carencias nos permite enfocarnos en trabajar en aquello que cada uno necesita para estar mejor equipado.

Por ejemplo, imagina que Juan y María son dos compañeros de trabajo y cada uno de ellos tiene que hacer una presentación importante ante un grupo de personas influyentes (Juan y María, en la vida real, eran dos compañeros de equipo con los que trabajaba en una empresa de marketing).

Desde que se lo comunicaron, Juan se empezó a sentir bastante ansioso e incluso con miedo a que lo despidieran porque estaba convencido de que su presentación no saldría bien. Sin embargo, María, a pesar de que unos años atrás se sentía igual que Juan ante este tipo de situaciones, vivió con emoción ese momento porque, tras años de preparación, su nivel de confianza en sus habilidades de comunicación había aumentado mucho.

Para Juan, la idea de enfrentarse a una audiencia era abrumadora. Le preocupaba cometer errores, olvidar información importante o que lo juzgaran negativamente. Esta percepción de amenaza provenía no tanto del hecho de hacer la presentación en sí, sino de la falta de confianza en su capacidad para manejar la situación de manera efectiva.

María, en cambio, se sentía bien preparada y confiaba en sus habilidades de comunicación y veía esta misma situación como una oportunidad para destacar y demostrar su profesionalidad.

La percepción de la situación como amenazante o irrelevante/oportunidad de crecimiento no está determinada por el hecho en sí, sino por el nivel de preparación y confianza de cada uno.

Ahora bien, Juan puede hacer dos cosas. La primera es reflexionar sobre por qué se siente amenazado, identificar cuáles son sus puntos débiles a la hora de comunicar para mejorarlos y cuáles son sus fuertes para potenciarlos, de manera que basándose en el autoconocimiento pueda prepararse lo mejor posible para su exposición. Presentarse a pesar de sus miedos, hacerla lo mejor que pueda y aprender de los errores que cometa para seguir trabajando en ellos y prepararse mejor para la siguiente oportunidad.

La segunda es tratar de evitar por todos los medios hacer la presentación: justificar su rechazo, inventar una excusa o «ponerse enfermo» justo el día de la exposición.

Esta segunda opción quizá deje a Juan más tranquilo, pues no tendrá que afrontar sus miedos, ni hacerse cargo de sus incompetencias comunicativas, ni lidiar con su ansiedad. Sin embargo, habría dos consecuencias importantes: si continúa negándose a hacer las exposiciones, llegará un punto en que tal vez lo despidan de su trabajo; y, la más trascendental, al evitar confrontar su miedo, este se hará más grande.

Cada vez que evitamos hacer algo que nos da miedo, reforzamos el miedo. En este ejemplo podría verse como

«Si hago esa presentación en público me equivocaré y todos creerán que soy un mal profesional». Entonces, decidimos no hacerla (evitar el miedo) y la lógica de nuestra mente nos dice «Nadie piensa que eres un mal profesional gracias a que no haces charlas en público», ergo «No hacer charlas en público hace que todos piensen que eres un buen profesional».

Esta es la manera en la que opera nuestra lógica cada vez que evitamos un miedo. Por eso, al evitarlo, lo estamos reforzando.

Así, cuando tenemos miedo a volar, nuestra mente nos dice «Si coges un avión, morirás»; por lo tanto, nunca cogemos un avión y reforzamos la idea de que si estamos vivos es gracias a que no volamos. La única manera de romper con esa lógica que alimenta nuestro miedo es coger un avión y constatar que seguimos vivos.

Cuando tenemos miedo a interactuar con personas desconocidas, nos decimos «Si vas a esa fiesta nadie querrá hablar contigo y pensarán que eres un aburrido». Al evitar la fiesta, sentimos un alivio temporal, pero nuestra mente interpretará esto como una confirmación de que, para que nadie piense que somos unos aburridos, mejor no arriesgarnos a conocer gente nueva.

Y así, con la gran mayoría de los miedos.

La mejor forma de mantener un miedo es evitándolo. La única forma de superarlo es afrontándolo.

Saber por qué nos cuesta llevar algo a cabo, cuál es la raíz de nuestras inseguridades e identificar qué deberíamos trabajar para sentirnos más preparados conlleva tiempo y esfuerzo. Pero es la única manera de avanzar y de no autolimitarnos.

Cuando años atrás María se sentía igual que Juan ante la necesidad de hablar en público, optó por el camino del afrontamiento y desarrollo personal. Decidió trabajar en los aspectos que la hacían sentir insegura para mejorarlos y percibirse, así, con más herramientas que le permitieran llevar a cabo sus exposiciones con mayor confianza en sí misma. A pesar de sentir miedo y ansiedad al exponerse delante de tantas personas que pudieran juzgar su desempeño, lo afrontó y, aunque en ocasiones se equivocara u olvidara información relevante, aprendió a salir del apuro con alguna broma que hiciera reír al público y a reconocer abiertamente que en ese momento no recordaba algún dato, mirarlo en su «chuleta» con total naturalidad y salir airosa de la situación.

Conseguir sentirse emocionada años después de práctica fue fruto de su esfuerzo y de ensayo-error y esto la convirtió en una persona con más confianza en sí misma.

Las personas que afrontan sus inseguridades se convierten en personas más seguras de sí mismas, lo cual hace que se atrevan a afrontar cada vez más desafíos y, por pura estadística, que consigan alcanzar más éxitos y metas que aquellos que ni siquiera lo intentan, lo cual irá reforzando aún más su percepción de seguridad.

Por otro lado, y por la misma razón estadística, las personas que más cosas intentan, también fallan más que las que no lo hacen (y es que solo se equivoca quien lo intenta, claro). Pero en ese afrontar fallos se producen los aprendizajes. Ahí es justo donde se dan las oportunidades para aprender a identificar en qué debemos seguir trabajando, a tolerar la frustración, a lidiar con la rabia o la impotencia, a analizar qué cosas han salido mal para rectificarlas en futuras oportunidades y, lo que es más importante, a reducir cada vez más el miedo. Miedo afrontado está más cerca de ser superado.

Por consiguiente, la seguridad en uno mismo se va forjando cuando asumimos el riesgo a fallar, lo intentamos y, o bien fallamos y vemos que la vida sigue y aprendemos de ello, o bien ganamos y nos demostramos que fuimos capaces de alcanzar nuestro objetivo.

Cuando uno pone todo su empeño en algo y no consigue lo que quería, siente rabia, frustración y quizá, incluso, pena. Y cuando supera esa especie de duelo, acepta que esta vez no ha alcanzado lo que quería y se da cuenta de que no pasa nada, absolutamente nada, por fallar... y se percata también de que hay miles de oportunidades más para intentarlo. Esas siguientes oportunidades las afronta con un poco menos de miedo al fracaso, porque ya estuvo ahí y vio que no pasó nada (nada realmente grave).

En otras palabras, la seguridad genera seguridad.

Cómo ganar seguridad en uno mismo

Autoconocimiento

El autoconocimiento es el punto de partida de todo proceso de cambio y crecimiento. Si no sabemos cómo somos ni echamos la vista atrás para comprender la razón, es complicado (por no decir imposible) modificar aspectos de nuestra forma de ser. Aunque descubrir los motivos de nuestras inseguridades no es la solución *per se*, nos permite hacer varias cosas.

La primera es ser más autocompasivos, es decir, comprender que nuestras reacciones y emociones son, en gran medida, el resultado de nuestras experiencias pasadas y la educación que hemos recibido. Esto no solo hace que seamos más empáticos con nosotros mismos, sino que también nos ayuda a abordar esos aspectos con más paciencia y asertividad. La segunda es que al entender las raíces de nuestras inseguridades y comportamientos, podemos comenzar a trabajar conscientemente para cambiar esos patrones, no mediante la crítica severa, sino a través de la aceptación.

El caso de Carla es un buen ejemplo de ello. Carla tenía poca confianza en sí misma, sobre todo en el ámbito laboral. A la hora de presentarse a una entrevista de trabajo o de postular para un ascenso, siempre se decía a sí misma que no iba a lograrlo porque los demás siempre eran mejores que ella. Carla acudía siempre a esos encuentros con mucha inseguridad, la cual transmitía tanto por su forma tímida y poco convincente de hablar como por su manera de moverse. Inevitablemente, esto solía terminar haciendo cumplir la profecía, es decir, no superaba con éxito las entrevistas y alimentaba así su inseguridad y su creencia de que los demás siempre eran mejores que ella.

Sin embargo, Carla era una chica muy preparada, trabajadora y con muy buenas cualidades para cubrir los puestos de trabajo a los que se presentaba. Paradójicamente, ella lo sabía y así lo verbalizaba, pero por alguna razón no se lo terminaba de creer y siempre terminaba boicoteándose a sí misma en las entrevistas. Consciente de ello, después se culpabilizaba y se sentía fatal por no ser capaz de creer en sí misma y confiar en sus habilidades.

Al repasar la historia de Carla para tratar de descubrir por qué se autosaboteaba de aquella manera, llegamos a un recuerdo de su infancia en el que su madre la comparaba con sus primas y le decía que ella nunca llegaría a nada en la vida. Carla admitió que ese tipo de mensajes se repitieron en varias ocasiones cuando ella era una niña.

Al recordar esas escenas y verlas ahora con ojos de adulta, comprendió de dónde venía su inseguridad. Entendió que cualquier niña que recibiera ese tipo de mensajes los interiorizaría y generarían en ella falta de seguridad y confianza en sí misma. Ser consciente de esto permitió a Carla dejar de culpabilizarse y castigarse por no ser una persona segura de sí misma. Y esto alivió buena parte de su malestar.

Por otro lado, analizando más profundamente su historia, dimos con que el motivo por el que la madre le espetaba semejantes mensajes se debía, probablemente, a sus propios sentimientos de frustración e insatisfacción. Su madre, que siempre había querido ser actriz y aspiraba a tener un marido con altos ingresos, vio frustrados sus deseos cuando, tras cerrársele varias puertas en el mundo del espectáculo, tuvo que ponerse a trabajar de dependienta en una tienda y cuando su marido fue despedido de su empresa. A pesar de que este encontró trabajo rápidamente, los ingresos que percibía no eran, ni de lejos, lo que a la mujer le hubiera gustado. Este panorama hacía que se sintiera fracasada en la vida: consideraba truncados todos sus sueños y aspiraciones. «No he llegado a nada en la vida», se repetía.

Carla se dio cuenta de que los mensajes de su madre hacia ella eran una proyección de lo que su propia madre sentía hacia sí misma. Esto permitió que la joven empezara a cuestionar sus creencias y se percató de que habían estado construidas sobre una base que no era cierta, sino tan solo una proyección.

Al investigar sobre el origen de nuestras inseguridades; preguntarnos quién fue que nos hizo dudar de nosotros mismos; cuándo, cómo y dónde escuchamos por primera vez una crítica o burla; de qué persona referente de nuestra infancia pudimos haber aprendido a actuar con inseguridad y/o, sobre todo, de quién es la voz que suena en nuestra mente (si es nuestra o es la de otro que haciendo eco), es probable que descubramos ciertas cosas que ayuden a restarle fuerza y credibilidad a todas esas creencias que las alimentan.

Potenciar nuestras virtudes y aceptar nuestros defectos

Otro aspecto positivo del autoconocimiento es que nos permite identificar cuáles son nuestros talentos y nuestras limitaciones. Todos tenemos limitaciones y defectos, hasta la persona que parece no tener, tiene (y muchos, como todos). Una distinción crucial entre quienes tienen confianza en sí mismos y quienes dudan de su valía radica en dónde centran su atención: en sus fortalezas y talentos, o en sus defectos y limitaciones.

Si únicamente nos fijamos en lo que se nos da mal y en lo que no nos gusta de nosotros, crearemos un autoconcepto muy negativo e injusto. Ahora bien, si prestamos más atención a lo que sí nos gusta y lo potenciamos, formaremos una imagen propia mucho más positiva, lo que a su vez fomenta la confianza y seguridad en uno mismo.

Pensemos en la idea del autoconcepto como una esfera vacía por dentro. El espacio interior de esta esfera se va llenando con canicas, que representan nuestras percepciones sobre nuestras capacidades, aptitudes, habilidades, talentos, virtudes, defectos y limitaciones. Estas canicas varían en tamaño: las ideas en las que creemos con más convicción y a las que les damos más importancia se van haciendo más grandes y las que no valoramos tanto van perdiendo tamaño.

Cuando únicamente damos importancia a los aspectos negativos de nuestra personalidad lo que hacemos es agrandar aquellas canicas negativas y empequeñecer las positivas, de manera que el espacio que ocupan nuestros defectos y limitaciones en nuestro autoconcepto sea desproporcionado en comparación con las canicas que representan nuestras virtudes y talentos.

Por lo tanto, si queremos que nuestro autoconcepto nos aporte seguridad y confianza debemos aprender a utilizar la herramienta que agranda o empequeñece las canicas: nuestro foco atencional. En consecuencia, para construir un concepto positivo de nosotros mismos debemos prestarle más atención a nuestras virtudes y potenciar nuestros talentos y dejar de enfocarnos tanto en aquello que no nos gusta o no se nos da bien.

Actuar antes de sentir

La confianza no necesariamente precede a la acción, sino que, con frecuencia, es el resultado de ella. Por consiguiente, esperar a sentirnos seguros de nosotros mismos para afrontar un desafío o ir a por una meta es, en muchas ocasiones, un error. Es cierto que enfrentarse al miedo es incómodo, angustiante e, incluso a veces, paralizante, pero es importante hacerlo para romper el ciclo de evitación que a menudo acompaña a la ansiedad e inseguridad. Cabe decir que es importante elegir desafíos realistas y que vayan incrementándose de forma gradual. Es decir, si nunca salimos de nuestra zona de confort es mejor empezar a hacerlo de manera gradual, con objetivos pequeños y manejables para ir alcanzando éxitos y, poco a poco, ir reforzando nuestra autoconfianza sin abrumarnos demasiado. Cada vez que actuamos a pesar de sentir miedo, estamos enviando un mensaje muy potente a nuestro cerebro: somos capaces de manejar la situación a pesar de todas las dudas internas.

Esto es eficaz para fortalecer nuestra autoconfianza porque nuestros pensamientos, emociones y comportamientos son tres elementos interconectados, de manera que, al cambiar uno de estos elementos, podemos influir en los otros. Así, al modificar nuestro comportamiento (acción), podemos alterar nuestros pensamientos (creencias sobre nuestras capacidades) y nuestras emociones (sentimientos de autoeficacia y seguridad en uno mismo).

Elige bien tu entorno

Hay personas que nos hacen sentir valiosas, atractivas y empoderadas y otras, en cambio, que nos generan sensación de insuficiencia, desvalorización y dudas sobre nosotros mismos y nuestras capacidades.

El tipo de personas por el que está constituido nuestro entorno social tiene un impacto fundamental en nuestra percepción de valía y autoeficacia. Esto se debe al fenómeno conocido como «el efecto del espejo social», donde las actitudes y comportamientos de quienes nos rodean reflejan y fortalecen nuestra propia autoimagen. Así, cuando nos rodeamos de personas que reconocen nuestras virtudes, valoran nuestras capacidades y nos hacen sentir apreciados por nuestras cualidades, la seguridad en nosotros mismos se ve reforzada. Por el contrario, cuando nuestras relaciones se centran en criticar, resaltar nuestros defectos o burlarse de nuestras aspiraciones minan nuestra autoconfianza. Este tipo de dinámicas y comentarios negativos consiguen hacernos sentir como si nunca fuéramos suficientemente buenos, independientemente de nuestros esfuerzos o logros, lo cual tiene un impacto nefasto en nuestro autoconcepto y alimenta nuestras inseguridades.

No se trata de rodearnos de personas que nos adulen o solo nos digan cosas positivas de nosotros. Las críticas constructivas son saludables, pero cuando son destructivas, nos ridiculizan o únicamente centran la atención en lo negativo acaban por distorsionar la percepción que tenemos de nosotros mismos y por menguar nuestra autoestima.

Por lo tanto, escoger conscientemente de qué personas nos rodeamos, establecer límites sanos y aprender a decir «no» a situaciones que nos dañan es tan esencial como cualquier técnica individual que podamos practicar para aumentar la seguridad en uno mismo.

Visualización positiva

Esta es una de las técnicas más potentes para trabajar la inseguridad. La visualización positiva no solamente puede reforzar nuestra autoimagen, sino que también puede modificar la forma en la que nuestro cerebro responde ante diferentes situaciones (sobre todo, aquellas que más inseguridad nos generan).

La visualización positiva funciona como un ensayo mental en el que, a través de la imaginación detallada de la situación en concreto, como dar un discurso en público o mantener una conversación difícil con alguien, podemos practicar nuestro comportamiento, comunicación, gesticulación, etc. Albert Bandura, el precursor de la teoría del aprendizaje social, fue quien sugirió que es posible aprender conductas y actitudes simplemente observando e imitando, incluso si el modelo que seguir es una imagen mental idealizada de nosotros mismos.

Más adelante, los estudios neuropsicológicos demostraron que al hacer este tipo de ejercicios imaginativos llevando a cabo los comportamientos que deseamos se estimulan las mismas redes neuronales que se activan cuando realizamos esa actividad de forma real. Es decir, que las áreas del cerebro involucradas en la percepción visual, la planificación y la ejecución que se activan son similares tanto en la visualización como en la ejecución real de la tarea.

Así, al visualizar de forma detallada, por ejemplo, cómo

hablaríamos con autoridad y calma delante de una audiencia, nuestro cerebro practica la secuencia de acciones como si estuviera ocurriendo de verdad. Esto va fortaleciendo los circuitos neuronales que dominan esas acciones, y cuanto más las repetimos (de forma real o imaginada), más se fortalecen los circuitos, y cuanto más se fortalecen estos, más se automatizan las acciones.

Automatizar una acción es sinónimo de aprender a hacerla hasta el punto de que nos sale casi sin pensarlo. La forma en la que aprendemos a conducir es un buen ejemplo de ello. La primera vez que nos disponemos a conducir tenemos que invertir mucho esfuerzo en ejecutar y prestar atención a cada acción: diferenciar bien los pedales, presionarlos en la justa medida, manejar el volante mientras prestamos atención a los vehículos de nuestro alrededor y a los retrovisores, cambiar de marcha en el momento correcto mientras ajustamos el pie del embrague sin perder velocidad, etc. Cuando ya lo hemos practicado varias veces, logramos hacerlo de manera automática.

La diferencia entre la primera vez que nos sentamos al volante y cuando ya lo hacemos todo «casi» sin pensar es que nuestros circuitos neuronales se han fortalecido lo suficiente como para hacer toda la secuencia de acciones automáticamente.

Lo mismo ocurre con el modo en el que afrontamos situaciones difíciles. Cuanto más las practiquemos, real o imaginariamente, más las automatizaremos. Esto se debe a que nuestro cerebro, al no diferenciar claramente entre experiencias reales e imaginadas en términos de procesamiento emocional, puede comenzar a asociar la situación con emociones positivas en lugar de ansiedad. Así, al llegar a la situación real, no será la primera vez para nuestro cerebro; en efecto, al ser algo «familiar» no lo interpretará como un nuevo escenario amenazante, sino como una zona ya conocida. Esto restará mucha tensión y podremos poner en práctica de forma más relajada todas nuestras acciones ensayadas mentalmente. Para aplicar la visualización positiva, debemos hacerlo en un momento tranquilo para sentarnos y cerrar los ojos. Luego imaginaremos el discurso que debemos pronunciar o la entrevista de trabajo desde el principio hasta el final con todo tipo de detalles.

Al inicio nos focalizaremos en el entorno: el tamaño de la sala, la luminosidad, la temperatura, el mobiliario, los sonidos, las personas que se encuentran en ella. A continuación, nos visualizaremos a nosotros mismos entrando a la sala con la actitud y las emociones que querríamos tener en ese momento. Para eso es imprescindible que imaginemos las sensaciones físicas asociadas a la confianza, la seguridad o el éxito. Por lo tanto, nos imaginaremos entrando con una postura confiada, sonriendo al entrevistador, sintiendo tranquilidad y seguridad. Imaginaremos de qué forma saludaremos o nos presentaremos, y cómo empezamos a hablar de manera clara, confiada y calmada, respondiendo a las preguntas con seguridad. Podemos imaginar también la retroalimentación positiva de las otras personas visualizando las sonrisas de aprobación, los asentimientos de cabeza y las señales verbales de apoyo. Después, imaginaremos el final de la situación: la forma en la que nos despedimos y agradecemos la oportunidad, la manera de dirigirnos hacia la puerta y cómo salimos de la sala con una sensación de éxito.

Practicar la visualización positiva los días previos a algún evento para el que no nos sentimos confiados es muy efectiva. Pero, además, podemos llevarla a cabo para enfrentarnos diariamente a situaciones desafiantes de un modo progresivo. Es decir, podemos utilizar esta técnica para exponernos gradualmente a situaciones que nos resultan amenazantes (en el trabajo, en citas, en reuniones sociales o en actividades que nos generan miedo intenso como en las fobias —esto último es preferible hacerlo de la mano de un profesional—) para ir reforzando a diario nuestra autoconfianza.

Fake it till you make it

Hay una diferencia importante entre tener realmente autoconfianza y transmitir confianza; aunque pueda parecer que van de la mano, no siempre tiene por qué. La primera tiene que ver con la relación con uno mismo, el autoconcepto, la autoestima y la percepción de autoeficacia... repercute determinantemente en nuestra toma de decisiones en la vida y es genuina, de manera que no se puede forzar o fingir. La segunda tiene que ver con la relación con los demás, con la interpretación que hacen los otros de la forma en la que nos comunicamos y movemos; ejerce una influencia muy poderosa en el concepto que los demás se forman de nosotros y, a diferencia de la primera, sí puede fingirse.

En general, la seguridad en uno mismo es un proceso que va de dentro afuera. Esto es, cuando nos sentimos seguros de nosotros mismos nos comportamos como personas seguras de sí mismas, lo cual es interpretado por la otredad como tal.

Sin embargo, existen algunos atajos como el *Fake it till you make it* («fíngelo hasta que lo consigas», en español), que consisten en comportarse de tal manera que aparente que tenemos confianza (o cualquier otro aspecto o actitud) aunque realmente no la sintamos. Este tipo de estrategias consisten en actuar principalmente utilizando un tipo de comunicación verbal y no verbal que proyecte lo que queremos transmitir (en este caso, seguridad en uno mismo) como si fuera real, haciendo que, a base de práctica y ensayo-error, terminemos por desarrollarla de verdad.

En ningún caso, fingir es sustitutivo del desarrollo real de habilidades o del tratamiento de problemas más profundos que puedan estar sosteniendo la inseguridad, pero sí es tremendamente útil aprender a utilizar algunas estrategias.

Estas técnicas están basadas en estudios sobre cómo se comportan las neuronas espejo, cómo reaccionamos los humanos ante ciertos movimientos o gestos y sobre cómo impacta la comunicación no verbal en la percepción de seguridad que los demás tienen de nosotros.

Así que, a continuación se explican los aspectos más influyentes a la hora de proyectar seguridad para ponerlos en práctica tanto en situaciones reales como a la hora de llevar a cabo la visualización positiva:

- Posición del cuerpo: una postura erguida, con la espalda y los hombros rectos es la mejor para proyectar confianza. Por otro lado, el espacio que ocupa nuestro cuerpo también cumple un papel importante. Las posturas expansivas y abiertas (sin invadir el espacio de los demás) transmiten presencia y comunican «Estoy aquí, este soy yo, no tengo vergüenza ni miedo de que me veas».

  Además, al adoptar este tipo de posturas, aumentan los niveles de hormonas asociadas con la confianza, como la testosterona, y disminuyen el cortisol, la hormona del estrés. Las personas observadas en estas «posturas de poder» suelen percibirse como más atractivas y persuasivas.

  Si estamos sentados, una buena forma de transmitir lo mismo es sentarnos en el borde de la silla, colocando los dos pies en el suelo alineados con las caderas. Con esta postura no solo conseguimos estabilidad y evitamos que el cuerpo se incline hacia atrás, sino que también impedimos que se incline hacia delante. Esta es una posición muy buena, sobre todo en circunstancias laborales donde debemos estar sentados un largo rato: una reunión, una entrevista de trabajo, una negociación...

- La distancia que hay entre el mentón y los hombros debe ser lo más grande posible, sin que la barbilla se levante demasiado (lo cual indicaría una actitud soberbia). No transmitimos ningún tipo de autoconfianza con la cabeza gacha o los hombros encogidos. Para transmitirla, el truco consiste en ampliar al máximo, como hemos dicho, la distancia entre la barbilla y los hombros creando un triángulo lo más amplio posible.

- Las personas seguras de sí mismas gesticulan con sus manos mucho más que las inseguras. Es otra manera de demostrar que no tienen reparo en que se las vea. No intentan pasar desapercibidas ni esconderse de los ojos de los demás. Además, al hacerlo también enfatizan su comunicación verbal y acaparan más la atención de los oyentes, lo cual crea sensación de autoridad y relevancia a los ojos de todos los presentes.

- Por otro lado, los elementos paralingüísticos como el volumen y el tono de voz o la velocidad al expresarnos desempeñan un papel muy importante. El volumen ideal es uno medio, que se escuche con claridad pero que no sea excesivamente alto. Podemos practicar este aspecto en casa y ver con qué volumen nos encontramos más cómodos y cuál se adecua a la situación: una reunión laboral, una exposición en público, una cita... Un detalle curioso al respecto es que las voces graves se perciben como mucho más autoritarias que las voces agudas. En consecuencia, sin que sea exagerado y siempre dentro de nuestro registro natural, si la ocasión requiere transmitir autoridad y confianza podemos usar un tono algo más grave.

- Por último, el punto más importante que hemos de tener en cuenta es la mirada. La mirada es determinante. Cuando queremos transmitir autoconfianza, la mirada no puede ser evitativa ni esquiva. Tiene que dirigirse a los ojos del otro, de forma directa pero relajada. Es decir, no mantenerla fijamente con dureza, pero sí con calma y seguridad. A muchas personas, sobre todo si son inseguras, les puede costar sostener la mirada, por lo que es recomendable practicarlo con personas de nuestra confianza. Ensayar el mantener la mirada puede hacerse de continuo. Únicamente recordándonos a lo largo del día de tratar de hacerlo con cada persona con la que interactuamos, a pesar de que al inicio nos pueda resultar difícil. Lo importante es no apartar la mirada al primer momento que nos incomoda, sino ir aguantando cada vez un poco más ese tiempo.

Teniendo claros estos cinco aspectos de la comunicación y poniéndolos en práctica cada vez que afrontemos un evento, comprobaremos que, aunque por dentro nos sintamos inseguros, proyectaremos seguridad. Al hacerlo, las personas nos devolverán un feedback positivo, nos tratarán como se trata a una persona segura de sí misma, y eso generará también un cambio en cómo nos sentimos nosotros. A medida que esto se practica, iremos reforzando los circuitos neurológicos involucrados en nuestra comunicación y conducta social hasta el punto de que terminemos por interiorizarlos.

Con el tiempo, esta práctica nos ayudará a sentirnos realmente más seguros de nosotros mismos, pero hasta entonces, aunque aún no lo sintamos verdaderamente, lo parecerá (que no es poco).

14

Cómo ganar confianza en las relaciones

> La tarea psíquica que una persona puede y
> debe establecer por sí misma no es sentirse
> segura, sino ser capaz de tolerar la insegu-
> ridad.
>
> ERICH FROMM

Una tarde una pareja acudió a mi consulta, visiblemente tensa y evitándose la mirada. Ella, aunque elegante y con una apariencia cuidada al detalle, transmitía un aire de preocupación que no podía ocultar bajo el maquillaje.

El problema de la pareja era, según ellos, los celos. La mujer era muy celosa y se sentía amenazada por cualquier amiga o compañera de su marido, especialmente si estas eran (bajo su criterio) más guapas o jóvenes que ella.

Ambos afirmaban que el hombre no flirteaba, no tenía una actitud coqueta ni jamás se había dado un caso de infidelidad en la pareja. La mujer incluso confesó haber espiado las conversaciones que su marido mantenía por teléfono, los mensajes de texto, el historial de navegación, las redes sociales y correos y que jamás encontró una pista objetiva de traición o infidelidad. Es decir, no había motivos por los que pensar que el hombre podría querer serle infiel a su mujer.

Aun así, siempre que su marido hablaba de forma cercana o amable con una mujer o tenía una relación de amistad o laboral con alguien del sexo opuesto, ella siempre pensaba que él terminaría abandonándola. Eso hacía que se pusiera a la defensiva y que acabaran discutiendo en multitud de ocasiones, algo que estaba deteriorando gravemente la relación.

En realidad, este tipo de situación es mucho más común de lo que cabe imaginar. Se trata de un problema de inseguridad. Esta inseguridad, paradójicamente, no es sobre la pareja, ya que nadie puede tener la certeza absoluta de cómo puede actuar su pareja en un futuro (ni siquiera tenemos la certeza de cómo vamos a actuar nosotros mismos) y eso es algo con lo que todos tenemos que lidiar. Pretender tener bajo control a nuestra pareja es una dinámica, cuando menos, tóxica y, depende de cómo, penada por la ley.

Por lo tanto, si nadie tiene control ni certeza absoluta sobre las acciones o deseos de su pareja, ¿qué hace que unas personas se sientan tranquilas y confiadas y otras tengan conductas posesivas y celópatas?

Una vez más, la seguridad en uno mismo.

No en la pareja, sino en uno mismo.

Es la percepción de que, a pesar del dolor, uno va a ser capaz de superar el desengaño y la traición. La creencia de que se tienen los recursos suficientes para afrontar ese dolor y, pese a la intensidad de este, recuperarse del daño.

En el caso de la pareja que me visitó en la consulta, y como en tantas otras, no se trataba del temor a una infidelidad como acto en sí, sino del miedo paralizante a no ser capaz de recuperarse de tal golpe. Y es que los celos son, en gran parte, una proyección de nuestras propias dudas sobre nuestra valía y capacidad de resiliencia y si, internamente nos sentimos desarmados ante la posibilidad de un «abandono» o «traición», empezamos a actuar como si nuestra vida dependiera de ello. Sin embargo, cuando uno se siente seguro de sí mismo, la amenaza de una traición pierde mucho de su poder destructivo y, por ende, de ponernos a la defensiva como si nuestra vida dependiera de ello.

Es decir, en términos reduccionistas, la clave no es tanto confiar en la pareja sino en nuestra capacidad de resiliencia.

Por ello para poder mantener una relación sana y sin dependencias emocionales, es importante, *a priori*, sentirse bien sin pareja. Cuando uno sabe que no necesita una pareja para tener bienestar emocional, hacer cosas que le gustan, cumplir metas o incluso sentirse amado y valorado (ya que la pareja es una de entre otras muchas relaciones donde podemos dar y recibir amor), concibe la pareja como un deseo o preferencia (si así lo quiere), no como una necesidad.

La diferencia entre una necesidad y un deseo/preferencia es que la primera es percibida como algo indispensable para nuestro bienestar o supervivencia y lo segundo se siente como algo que nos gustaría tener porque mejora nuestra calidad de vida, pero no es imprescindible. Cuando sentimos algo (o a alguien) como una necesidad, su ausencia nos genera ansiedad y un malestar emocional muy intenso. Ahora bien, cuando no satisfacemos un deseo o una preferencia, podemos sentirnos tristes o decepcionados, pero a un nivel más manejable.

La intensidad del miedo a perder algo es proporcional a nuestra percepción de necesidad de ese algo.

En consecuencia, cuanto más sentimos que necesitamos algo o a alguien para nuestro bienestar (y más dependientes somos de ello), más intenso es el miedo que sentimos a perderlo.

Cuando una relación de pareja está más fundamentada en el miedo que en el amor aparecen dinámicas dañinas y de dependencia emocional nada sanas (y que poco tienen que ver con el verdadero amor). Además, la ansiedad constante ante la idea de una ruptura suele llevar a la incapacidad para disfrutar de la relación, lo cual le quita todo el sentido a la relación.

Para que una relación de pareja sea un vínculo sano,

este tiene que consistir en una elección consciente y motivado por el hecho de que compartir la vida con esa persona es mejor que no hacerlo. Pero si, por contra, lo percibimos como una necesidad, es probable que se formen unas dinámicas donde el amor y el compromiso se confundan con la obligación o con el miedo a la soledad.

El mensaje que subyace en una relación de pareja sana podría resumirse en algo parecido a: «Yo prefiero y deseo con toda mi alma estar y compartir mi vida contigo, aunque si esto no es posible, sé que, a pesar del dolor y la tristeza, podría continuar mi vida sin ti». Eso y no el sentimiento que nos hace pronunciar «Sin ti me muero» (que tanto nos han metido por los ojos y oídos en películas y canciones) es lo que fomenta una relación basada en el respeto mutuo y la autonomía de cada persona, donde ambos individuos pueden crecer y actuar y expresarse con honestidad a la vez que disfrutan de su amor y compañía.

Solo sintiendo el vínculo con la otra persona como una preferencia y no como una necesidad, somos capaces de lidiar con la incertidumbre inevitable sobre lo que el otro hará o dejará de hacer cuando no estemos presentes. Ajenos a la insoportable sensación de que nuestra vida depende de lo que el otro haga o de cómo este se vincule con otras personas, y exentos del intenso miedo que eso puede producirnos, podemos vivir (y dejar vivir) sin la necesidad de controlar qué hace, dice o desea nuestra pareja.

La seguridad en uno mismo como arma de seducción

Ya puede tener una nariz enorme, los dientes torcidos o medir menos de metro y medio:* si esa persona tiene carisma y se muestra segura de sí misma, es muy probable que nos resulte atractiva.

La capacidad de ser atractivo y seductor trasciende las características físicas más allá de los cánones de belleza establecidos o, incluso, de las preferencias personales. Y es que la seguridad personal que uno transmite a los demás tiene una capacidad de atracción increíble.

¿A quién no le pasado que, al conocer a alguien que en un inicio no le llamaba físicamente la atención, se ha sorprendido de lo atractiva que se ha vuelto esa persona cuando, al empezar a interactuar con ella, le ha transmitido confianza y seguridad?

La proyección de confianza en uno mismo es uno de los elementos percibidos como más seductores en una persona. La forma de caminar, de gesticular, de expresarnos y las posturas que adoptamos al sentarnos o en una reunión social proyectan nuestro nivel de autoconfianza y este tiene un efecto directo en el atractivo percibido por los demás.

Por eso las aplicaciones para «ligar», donde escogemos a potenciales parejas a través de fotografías, cual exposi-

* No tengo nada en contra de estas características, únicamente las expongo como ejemplo de lo que no es considerado como normativo.

ción de productos tras un escaparate, sin más estímulo que el físico suelen terminar resultando tan decepcionantes. Cuando conocemos personalmente a esa persona que nos había parecido atractiva en la foto, al escucharla hablar y verla caminar o gesticular puede provocarnos una pérdida de atracción completa. Afortunadamente, también ocurre en el sentido inverso.

Sin embargo, la transmisión de confianza no es el único factor que nos hace ver (y sentir) seductores trascendiendo las características físicas. Hay otras muchas variables que desempeñan un papel importante y, según las investigaciones en la ciencia de la seducción, lo hacen de diferente forma según el género.

Uno de los estudios referentes en este campo fue liderado por la profesora Jessica Tracy y Alec Beall, de la Universidad de British Columbia, en 2013. En él investigaron cómo los hombres y las mujeres heterosexuales perciben la atracción sexual a través de las expresiones emocionales. Los resultados mostraron algunas conclusiones bastante sorprendentes y muy distintas entre ambos géneros.

Por ejemplo, los hombres que mostraban orgullo y arrogancia fueron percibidos por las mujeres como los más atractivos, en contraposición con los hombres felices y sonrientes, que fueron los menos atractivos para ellas. Ello encaja con la tendencia (más en edades adolescentes que adultas) de que a las mujeres les guste el «chico malo».

Por otra parte, para los participantes varones, las mujeres más atractivas sexualmente eran las felices y sonrientes; las medianamente atractivas eran las avergonzadas, y las menos atractivas sexualmente eran las que se mostraban orgullosas.

Por supuesto, hay muchísimos factores evolutivos y culturales que influyen en lo que a cada uno nos resulta sexualmente atractivo, pero algunas de las teorías que defienden estas conclusiones sugieren que cuando la mujer expresa felicidad es vista como un signo de sumisión y vulnerabilidad (siendo esto del agrado de los hombres, en términos generales). En contraste, las mujeres se sienten más atraídas por hombres que muestran orgullo porque esto puede indicar un mejor estatus y competencia, lo cual es necesario para la provisión de recursos (lo cual proporciona seguridad a las mujeres, en términos generales).

Esto encaja con los roles de género tradicionales que valoran la apariencia de accesibilidad y amabilidad en las mujeres y la capacidad de sustento y fortaleza en los hombres.

Afortunadamente, este concepto va cambiando poco a poco y tanto hombres como mujeres vemos atractivas otras cualidades distintas en el género opuesto. Lejos quedan ya aquellas polémicas declaraciones de un reconocido cantante y actor español donde criticaba al «hombre blandengue», ese que lleva la bolsa de la compra y se ocupa del carrito del niño, alegando que «el hombre tiene que estar en su sitio y la mujer en el suyo». Según dicho artista, ya fallecido, «la mujer necesita ese pedazo de tío ahí [...] y el hombre nunca debe blandear».

Por suerte, los roles de género y lo que nos parece sexualmente atractivo va cambiando cultural e individualmente y, poco a poco, las tendencias entre ambos sexos van dirigiéndose hacia una concepción más equitativa de dichos roles, fomentando masculinidades diferentes y el empoderamiento de la mujer.

Las investigaciones actuales muestran una tendencia cada vez mayor a valorar y ver atractiva la confianza que el otro transmite tener en sí mismo tanto en hombres como en mujeres, a pesar de que la forma en la que se transmiten, se perciben y son socialmente aceptadas tienen matices distintos entre uno y otro género.

Cómo ganar seguridad en el ámbito de la seducción

Todas las estrategias para ganar autoconfianza de las que hemos hablado en el capítulo anterior son aplicables también en el ámbito de la seducción, pero en esta esfera, la relación que mantenemos con nuestro físico y apariencia desempeña un papel crucial. Esto es no solo porque afecta directamente a la percepción que los demás tienen de nosotros, sino también porque influye determinantemente en nuestra autoconfianza a la hora de conocer a una potencial pareja o mantener una relación sexo-afectiva.

Por lo tanto, para ganar seguridad en el contexto de la seducción, podemos aplicar los métodos del capítulo anterior y, además, los que a continuación se explican con el objetivo de mejorar la relación con nuestro cuerpo. Es muy importante tener en cuenta que la autoconfianza no surge tanto de cómo somos físicamente, sino de cómo nos sentimos respecto a nuestra apariencia. Es decir, el proyectar seguridad no depende tanto de tener un físico normativo, sino de aceptar y sentirnos cómodos con nuestro cuerpo, lo cual hará que probablemente sea percibido como atractivo.

Potenciar virtudes, no defectos

Del mismo modo que prestar más atención a nuestros talentos y aspectos positivos de nuestra personalidad y no tanto a los negativos nos ayuda a sentirnos más seguros de nosotros mismos, hacer lo mismo con nuestras características físicas tiene el mismo efecto. Se trata de educar la mirada y nuestro foco de atención. Si consideramos que tenemos unos ojos y un pelo bonitos pero no nos gusta nuestra nariz, por ejemplo, dejemos de mirar directamente a nuestra nariz cada vez que nos miramos al espejo y empecemos a fijarnos en lo que sí nos parece atractivo.

A veces tenemos tan interiorizada esa mirada crítica

apuntando al «defecto» que ni siquiera nos damos cuenta de que cuando nos sentimos poco atractivos se debe, en gran parte, a este sesgo. Cuando solo le prestamos atención a aquello que no nos gusta se va creando una imagen muy desviada de nosotros mismos, en la que a lo que nos parece feo le damos mucha importancia y lo que nos parece bonito lo ignoramos por completo. Esta es una forma muy efectiva de bajarnos la autoestima.

Un buen ejercicio para educar la mirada y potenciar nuestras virtudes consiste en identificar (y escribir en una lista para maximizar el efecto) lo que más nos gusta de nuestro físico y, una vez identificado, reforzarlo de dos maneras posibles.

La primera es marcándonos como «norma» prestar atención a estas áreas cada vez que nos miramos al espejo y practicar autoafirmaciones. Por ejemplo, si me gustan mis ojos me enfocaré en mirar mi propia mirada a través del espejo, la observaré con atención, jugaré con ella y me diré a mí misma: «La verdad es que tienes unos ojos muy bonitos». Y lo mismo con el resto de las partes del cuerpo que nos gusten... nuestras manos, o la cintura, o la textura de nuestra piel, los gemelos, etc.

Esto tiene un efecto muy positivo en la relación que establecemos con nuestro físico. Con imágenes de resonancia magnética funcional (fMRI) se ha visto cómo la práctica de autoafirmaciones activa regiones del cerebro asociadas con el procesamiento del valor propio y la recompensa, como el córtex prefrontal ventromedial (Cascio *et al.*, 2016), y reducen la actividad de la amígdala (Critcher y Dunning, 2015).

Pero para obtener estos resultados es importante la forma y la regularidad con la que nos las decimos. Por un lado, es importante que cada uno encuentre las palabras y el tono con el que se siente cómodo hablándose, ya que para que las autoafirmaciones resulten eficaces, estas deben ser naturales y genuinas. Y, por otro, hay que practicarlas con cierta regularidad para que estas se conviertan en un hábito. Hay personas que necesitan hacerlo una vez al día y otras, varias. Lo importante es hacerlo con la frecuencia que cada uno necesite y mantener su práctica a largo plazo.

Sin embargo, hay momentos en los que es especialmente efectivo realizar las autoafirmaciones. Por ejemplo, se ha demostrado en varios estudios llevados a cabo por la Universidad de Standford que las personas que enfocan sus pensamientos hacia sus fortalezas (físicas, emocionales y de personalidad) y practican las autoverbalizaciones justo antes de una cita, una presentación o una entrevista de trabajo consiguen afrontarlas con mayor calma, seguridad y carisma.

Otra manera de mejorar la relación con nuestro aspecto físico consiste en maximizar la presencia de las zonas que nos gustan, es decir, hacer que llamen la atención por encima del resto. Siguiendo con el ejemplo anterior en el que los ojos y el pelo son dos elementos que encontramos bonitos de nuestro físico, si dedicamos un tiempo a cuidar nuestro cabello, embellecerlo, nutrirlo y peinarlo de la forma que más nos favorezca y, asimismo, cuidamos (y si queremos «maquillamos») nuestros ojos para potenciar aún más nuestra mirada, tendrá un efecto muy positivo en nuestra autopercepción (y en la percepción de los demás). Maximizar lo bonito, siempre da buenos resultados. Es lo que comúnmente conocemos como «sacarse partido» y es tan sencillo como realzar para dar protagonismo a las partes de nuestro físico que más nos gustan, para que las que no nos gustan tanto queden «eclipsadas» y pasen más desapercibidas.

Ejercicio físico

Independientemente de los cambios físicos, la pérdida de peso o aumento de masa muscular, las personas que hacen ejercicio físico tienen una percepción más positiva de su cuerpo que las personas que no lo realizan. Es decir, podríamos practicar actividad física diaria y, aunque nuestro cuerpo no cambiara en absoluto, nosotros nos percibiríamos mejor. Realmente de eso es de lo que se trata: de sentirnos bien con nuestro físico y aceptarlo tal como es, y no de convertirlo en algo «perfecto» como condición para aceptarlo (aunque eso de convertirlo en algo «perfecto» es, en sí, imposible).

Esto se debe principalmente a que el ejercicio físico estimula la liberación de endorfinas, serotonina y dopamina. Las endorfinas son conocidas popularmente como las hormonas de la felicidad. Estas sustancias interactúan con los receptores de opio naturales que tenemos en el cerebro, lo cual hace que todo lo percibamos más positivamente (incluido nuestro cuerpo). Por otra parte, la serotonina y la dopamina son neutrotransmisores que mejoran nuestro estado de ánimo. Si a esto le sumamos que el ejercicio también reduce las hormonas del estrés, como el cortisol y la adrenalina, entendemos por qué es, sin duda, uno de los mejores ansiolíticos y antidepresivos que existen.

En resumen, cuando practicamos deporte regulamos químicamente nuestro cerebro consiguiendo lo mismo que consiguen los psicofármacos, pero de una forma natural, más sana, más barata y sin riesgo de generar dependencia.

La lista de beneficios derivados de la práctica del deporte es muy extensa, tanto en el ámbito físico, como emocional, pasando por lo cognitivo y conductual. Sin embargo, hay un efecto descubierto por los científicos recientemente que es, sin duda, el más increíble y extraordinario de todas sus consecuencias: practicar actividad física aumenta una proteína conocida como BDNF (Brain Derived Neurotrophic Factor), cuya función es estimular la neurogénesis, el proceso por el cual se generan nuevas células cerebrales, nuevas neuronas, especialmente en el hipocampo, el área relacionada con el aprendizaje y la memoria.

Esto significa que mantener una rutina de ejercicio mejora nuestras habilidades de aprendizaje y memoria, facilitando la adaptación a nuevas situaciones sociales y el recuerdo de detalles importantes sobre potenciales parejas, algo que puede ser crucial en el desarrollo de relaciones profundas y significativas.

La manera de conseguir estimular el BDNF es con entrenamientos de ejercicio a intervalos de alta intensidad, lo cual consiste en combinar breves periodos de esfuerzo intenso con breves periodos de descanso; por ejemplo, 30 segundos de alta intensidad seguidos de 90 segundos de descanso y repetir varios ciclos. Esta práctica fomenta la producción de nuevas neuronas y es absolutamente fascinante porque ninguna droga ni ningún fármaco hace eso. Lo hacemos nosotros mismos, utilizando nuestro cuerpo como herramienta.

Si realizamos este tipo de prácticas para potenciar la creación de nuevas neuronas mientras tratamos de aprender algo nuevo, conseguiremos que este aprendizaje sea mucho más rápido, profundo y eficaz. Por ejemplo, si estamos tratando de aprender nuevos hábitos de diálogo con nosotros mismos y cambiar la manera en la que nos tratamos, podemos hacerlo de manera más eficaz si, mientras llevamos a cabo todas las estrategias de cambio, también empezamos a realizar este tipo de ejercicio físico.

Referentes de cuerpos no normativos

A lo largo de varias generaciones, los únicos referentes en cuanto a estándares físicos que teníamos las mujeres eran las muñecas Barbie y modelos de pasarela con infrapeso o incluso con graves trastornos de la alimentación. Esto ha provocado que muchas mujeres desarrollaran percepciones distorsionadas y a menudo inalcanzables de lo que se considera un «cuerpo ideal», provocando una mala relación con su físico. Esta relación se basa a menudo en la insatisfacción permanente, esto es, en una constante discrepancia entre cómo ven su propio cuerpo y cómo creen que debería ser.

Aunque durante mucho tiempo la presión social y las expectativas culturales fueron dirigidas únicamente al cuerpo de la mujer, en los últimos años los ideales de masculinidad también han ido formando unos estándares físicos irreales en los hombres. Todo cuerpo que no es atlético y musculoso se clasifica socialmente como poco atractivo y fuera de la masculinidad hegemónica.

Afortunadamente, las campañas publicitarias más recientes y algunos medios que han dado visibilidad a movimientos como el *body positivity* («positividad corporal», en español), han empezado a promover una imagen corporal más variada y realista. El hecho de que hoy en día haya modelos de tallas grandes, cantantes, actrices y actores alabados por la crítica y por los medios, hace que podamos tener referentes de cuerpos no normativos exitosos, atractivos y considerados unos auténticos *sex symbols*.

Una manera eficaz de trabajar la autoaceptación de nuestro físico es tener una persona referente cuyo cuerpo no sea el normativo o que tenga características similares a las que no nos gustan del nuestro. La clave está en escoger a una persona que, a pesar de tener estos atributos físicos con los que nos sentimos identificados y, subjetivamente, no nos gustan, demuestra ser una persona empoderada, carismática, exitosa y segura de sí misma. Tener un modelo que seguir nos permitirá «imitar» su manera de actuar, de moverse y su actitud ante situaciones en las que solemos avergonzarnos de nuestro propio cuerpo.

Así pues, cuando nos sintamos acomplejados o inseguros por nuestro físico, solo debemos recordar qué haría o cómo actuaría nuestro referente y tratar de hacer lo mismo. Esto nos ayudará a romper muchas barreras, a afrontar situaciones con mayor seguridad, a empoderarnos y a percibir nuestro físico de manera mucho más positiva.

Reducir la exposición a ideales imposibles

Estar continuamente expuestos a imágenes de cuerpos «perfectos» tiene un impacto muy negativo en la percepción de los cuerpos reales, tanto propios como ajenos. Por eso, algo que mejora drásticamente la relación que establecemos con nuestro físico es reducir al máximo el consumo de este tipo de imágenes. Es una tarea difícil porque nuestro día a día está bombardeado por este tipo de imágenes. Las encontramos en revistas, anuncios, televisión, redes sociales... De hecho, el consumo es tan habitual y frecuente que la mayoría lo hacemos de forma inconsciente. Sin embargo, sí tiene un impacto profundo en nuestra percepción y en lo que consideramos atractivo o no, e incluso correcto e incorrecto.

Cuando reducimos todo lo posible nuestra exposición a imágenes de físicos puramente normativos y empezamos a contemplar también las de cuerpos diversos, la manera en que el cerebro procesa la información visual relacionada con el cuerpo humano, y esto incluye la percepción que tenemos de nosotros mismos, mejora. Además, este cambio no solo es liberador a nivel individual, sino que también fomenta una cultura más inclusiva y realista. Así pues, seguir en redes sociales y medios de comunicación a activistas y figuras públicas que promueven la aceptación del cuerpo y la diversidad, y dejar de hacerlo con aquellas que no nos hacen sentir bien con nuestra apariencia es un muy buen ejercicio para mejorar la autoaceptación.

15

Cómo reírse de uno mismo

El humor es simplemente una forma de ver
la vida desde la distancia adecuada.

Reírse de uno mismo es empezar a entender
el mundo.

Pepe Rubianes

El uso de los psicofármacos y terapias para combatir el estrés ha crecido de forma exponencial en los últimos años. Cada vez más personas necesitan practicar la relajación progresiva, ejercicios de respiración profunda, meditación, yoga e, incluso, consumir ansiolíticos u otros químicos para reducir sus niveles de cortisol. Sin embargo, hemos olvidado completamente uno de los reductores de estrés naturales más efectivos que tenemos a nuestra disposición: el sentido del humor.

Sin duda, corren malos tiempos para el humor. Allí donde siempre existió el chiste, se encuentra ahora la ofensa. Ante cualquier comentario cómico o satírico surgen cientos de miles de indignados. De hecho, la primera parte de este capítulo podría herir sensibilidades de personas que no sean muy afines al sentido del humor. Si es tu caso, te recomiendo que pases directamente al siguiente apartado.

Y es que lo que puede resultar gracioso y divertido para unos, resulta doloroso para otros. En realidad, el humor y la ofensa son dos caras de la misma moneda: aquello que nos hace reír lo hace muchas veces, precisamente, porque resulta incómodo.

«¿Qué es peor que encontrar un gusano en una manzana? Encontrar medio gusano».

También puede hacernos reír porque rompe con nuestras expectativas.

—Esto le va a doler un poco —le dice el dentista al paciente.

—Vale —contesta este.

—Me estoy acostando con su mujer —añade el dentista.

Según nuestras expectativas el dentista podría causarle dolor físico al paciente debido al tratamiento dental, pero no esperábamos que se refiriera a un dolor emocional, y mucho menos porque su mujer le estuviera engañando con él. Al romper con lo esperado, nos causa gracia.

Los chistes nos hacen más gracia si estamos en grupo y no a solas, porque el humor es, sobre todo, algo social.

Así, nos reímos tres veces más en grupo que en solitario, entre otros motivos porque la risa es contagiosa, como los bostezos, y porque es la mejor herramienta de cohesión social. La risa fortalece los vínculos entre las personas. Es una forma de comunicación no verbal que genera confianza, sentido de pertenencia y de camaradería. Por eso en el flirteo, por ejemplo, hacer reír a la persona que queremos seducir es una potente estrategia para conseguirlo. Una sonrisa de la persona que nos gusta o hacerla reír es siempre un factor de buen pronóstico. Del mismo modo, en el ámbito de las ventas, la risa se utiliza como una herramienta estratégica para generar una conexión emocional con el posible comprador. Los expertos en ventas a menudo buscan hacer reír o al menos sonreír a sus potenciales clientes, ya que esto reduce la resistencia, genera confianza y crea un ambiente más relajado para facilitar el proceso de negociación y venta.

El 90 por ciento de las personas nos reímos (o al menos, sonreímos) tan solo al escuchar a alguien reír. Cuando escuchamos una risa, se activan las regiones del cerebro relacionadas con la preparación para la risa, lo que indica que estamos neurológicamente predispuestos a responder a la risa de los demás como mecanismo de unión social. Un buen ejemplo de este fenómeno lo podemos ver en el vídeo *Berlin Laughter Project* (en YouTube) en el que una mujer empieza a reírse en el metro y, a los pocos segundos, el vagón entero comienza a reírse también.

¿Hemos perdido el sentido del humor?

¿Por qué cada vez los límites del humor están más acotados? ¿Estamos perdiendo el sentido del humor?

El humor es, por naturaleza, confrontacional: nos genera un conflicto interno, desafía lo esperado, critica la sociedad, permite expresar agresiones de forma aceptable, libera tensiones y juega un papel importante en la dinámica social y de poder.

El gran cambio que está sufriendo el humor hoy día se debe en gran medida, una vez más, a internet. Antes de la llegada de esta red informática mundial, existía el humor socialmente aceptable, que se usaba en los medios de comunicación, y el humor puro, el que utilizábamos entre amigos en contextos coloquiales y más familiares. El humor socialmente aceptable era el que se empleaba en la televisión la radio los periódicos... y evitaba hacer bromas sobre temas muy sensibles o que estaban ocurriendo en ese mismo momento. Por otro lado, el humor puro era el de la calle y apenas tenía restricciones. Se podía bromear sobre cualquier cosa, hasta sobre eventos recientes y dolorosos, porque estas bromas «se quedaban en casa».

Con la llegada de internet, todo cambió. Las barreras que separaban estos dos tipos de humor comenzaron a desdibujarse y estas bromas «de estar por casa y con amigos» se empezaron a difundir masivamente, llegando incluso a contextos donde la broma resultaba desubicada y a aquellos grupos a los que les resultaba dolorosa y ofensiva.

Por ejemplo, ¿imaginas que un matrimonio llegara a su primera sesión de terapia de pareja y la terapeuta les recibiera con un chiste?

—¿Cuál es la diferencia entre una pareja feliz y una desgraciada?

—[...]

—Un par de minutos.

Probablemente, este chiste contado en ese contexto no le haría gracia a nadie. Al matrimonio porque pensaría que la terapeuta no está tomando suficientemente en serio sus problemas, ni a la terapeuta, ya que terminaría perdiendo a dos clientes.

Y este es precisamente el problema con el humor en la actualidad. A través de internet los chistes llegan cuando y a quien no deben.

Todo chiste puede resultar a la vez gracioso y ofensivo. Es más, muchos chistes graciosos lo son, precisamente, porque son ofensivos. Y es que, paradójicamente, es justo saber que no deberíamos reírnos de algo lo que hace que nos riamos. Nos reímos porque está mal reírse, porque está prohibido.

No obstante, además de cultural, el humor también es algo muy personal. Todo depende de la persona que explica el chiste, de quién lo recibe, de cómo se cuenta y en qué contexto.

Recuerdo una situación muy gráfica sobre esto. Una vez fui a un pueblo a ver una jornada de micrófono abierto en el que podían salir músicos, poetas, monologuistas y todo tipo de artistas. La primera persona que salió a mostrar sus habilidades subió a la tarima y empezó:

«Dos cazadores están en el bosque cuando uno de ellos se desmaya. Su compañero llama inmediatamente a emergencias. "¡Mi amigo no respira! —grita al teléfono—. ¿Qué debo hacer?". "Tranquilo", le dice el operador. "Puedo ayudarle. Primero, asegurémonos de que está muerto". Se hace el silencio y luego suena un disparo. El tipo vuelve a coger el teléfono y dice: "Vale, ¿y ahora qué?"».

Inmediatamente después, un estallido de risas inundó la sala a la vez que la mitad de los allí presentes se levantaron y abandonaron el local, ofendidos. A pesar de ser humor negro, no es que el chiste fuera excesivamente macabro, pero lo que no sabía el aspirante a cómico es que hacía pocos días un cazador del pueblo había fallecido por un desafortunado disparo de un compañero. A unos, quizá tampoco sabedores de aquella noticia, les causó mucha gracia el chiste, pero a otros les resultó completamente inadmisible por el momento circunstancial en el que fue contado.

Esto es lo que ocurre continuamente en internet hoy día. Se han desdibujado todas las barreras y a todo el mundo nos llegan todo tipo de chistes en todo momento. Los que nos parecen graciosos y los que nos parecen ofensivos. Para más inri, algo muy curioso que ocurre con el humor es que, cuando algo gracioso para algunos resulta ofensivo para otros, más gracioso les resulta a los primeros. Es decir, que cuanto el humor más ofende, más se viraliza.

Así somos los humanos.

Reírse de uno mismo

Cuando a uno le pasan desgracias de lo último que tiene ganas es de reírse. Y pobre de aquel que venga a contarnos un chiste con lo que nos está ocurriendo o trate de minimizar algo que duele como una estaca clavada en el estómago. De hecho, su propio nombre lo indica: «des-», que en latín significa «ausencia de»; y «gracia». Es decir, algo que no tiene ninguna gracia.

El momento en que nuestra pareja rompe con nosotros, nos diagnostican una enfermedad o nos quedamos sin trabajo lo vivimos con dolor, miedo, tristeza, rabia o desesperanza. Estas emociones son dolorosas, son normales y forman parte de un proceso sano de aceptación. Necesitamos tiempo para digerir una mala noticia, un cambio inesperado o una pérdida... A este tiempo se le llama «duelo» y etimológicamente también representa muy bien lo que supone: del latín *dolus*, que significa «dolor». Es decir, los duelos duelen. Por definición.

Estos procesos pueden ser más cortos, más largos, más profundos o menos intensos, pero todos nos hacen sentir dolor. Un dolor que, aunque nos desagrade, no debe ser evitado porque nos ayuda a integrar y a aceptar lo sucedido, nos conecta con nosotros mismos en profundidad, nos permite conocernos mejor y nos impulsa a madurar y a desarrollarnos emocionalmente. Esto no es una apología del sufrimiento, pero sí un recordatorio de que si de algo nos sirve pasar por experiencias difíciles es que nos hace aprender de ellas. E incluso cuando el sufrimiento es profundo, puede cambiarnos completamente nuestra visión sobre la vida y sobre nosotros mismos.

Sin embargo, y a pesar de que el sufrimiento es inevitable ante multitud de situaciones, podemos aprender a sobrellevarlo de la mejor forma posible. Y una de las mejores herramientas que tenemos para ello es, sin duda, el sentido del humor. O lo que es lo mismo: dolor sí, pero el justo. No es necesario que nos regocijemos revolcándonos en el fango de la penuria hasta que nuestras lágrimas formen un océano que amenace con inundar a toda la humanidad con una marea de sufrimiento insondable. Podemos liberar algo de la tensión que sentimos, tomar distancia emocional y desdramatizar con un poco de humor sobre nosotros mismos.

Se cuenta que cuando Groucho Marx empezaba a ser célebre, al llegar a un hotel de lujo en la costa de California, antes de bañarse vio un cartel en la piscina que rezaba «Prohibido a los judíos». Pidió entonces hablar con el director y le dijo: «Tengo un problema, señor director». A lo que este le responde: «¿En qué puedo ayudarle?». «Mire usted: mi madre es cristiana y mi padre judío. ¿Puede indicarme qué mitad de mi cuerpo puedo remojar en su piscina?».

Groucho podía haberse enfadado, irse del hotel, callarse o incluso poner una reclamación. Sin embargo, dio la vuelta a la situación con humor y acabó por ridiculizar la decisión del gerente de poner aquel cartel. El humor y la resiliencia están estrechamente conectados. La resiliencia es esa extraordinaria capacidad del ser humano para sobreponerse a circunstancias traumáticas y tragedias, y fortalecerse a partir de ellas. De hecho, supervivientes de catástrofes o de las más trágicas experiencias que conocemos de la historia han reconocido el importantísimo papel que tuvo el sentido del humor para afrontar los momentos más duros.

Viktor Frankl, por ejemplo, psiquiatra y neurólogo austriaco, superviviente de los horrores de los campos de concentración nazis y autor de la obra *El hombre en busca de sentido*, habla sobre el sufrimiento y el sentido del humor. Explica que, incluso en esas condiciones inhumanas, el dolor emocional puede ser una fuente de significado y propósito y que el humor es una de las armas del alma en su lucha por la supervivencia porque proporciona el distanciamiento necesario para sobreponerse a cualquier situación, aunque sea solo por un instante.

Otro ejemplo es el de los supervivientes del accidente aéreo de los Andes. El 13 de octubre de 1972, el vuelo 571 de la Fuerza Aérea Uruguaya, que transportaba a un equipo de rugby y sus familiares, se estrelló en la cordillera. Tras setenta y dos días en paradero desconocido y en condiciones extremas, de los cuarenta y cinco pasajeros a bordo, solo dieciséis sobrevivieron. Roberto Canessa, Nando Parrado y Pablo Vierci fueron tres de ellos. Actualmente, ofrecen charlas y conferencias sobre lo que vivieron y los aprendizajes que aquella dura experiencia les proporcionó, poniendo de manifiesto el importante papel que jugó el sentido del humor en aquellos durísimos momentos. En efecto, durante esos interminables días en los que enfrentaron temperaturas bajo cero, la falta de alimentos y la difícil decisión de recurrir al canibalismo para mantenerse con vida, el sentido del humor se convirtió en una herramienta crucial para soportar la adversidad.

«Reírse de la propia desgracia forma parte de la grandeza que hay que tener. Es una gran capacidad que debe trabajarse y desarrollarse», subraya Canessa en sus charlas. Insiste en que no hay que perder nunca el sentido del humor y narra anécdotas reales que se dieron durante esas jornadas de miedo y desesperanza. Cuenta que Gustavo, otro compañero que convivió con él durante el accidente, dijo: «Si yo me muero y no me comen, los volteo a todos». Y ellos le respondieron: «Pero ¿quién te va a comer a ti? Seguro que nos envenenamos». También relató que, en varias ocasiones, Carlitos Páez, otro de los compañeros, bromeaba sobre lo delgado que se estaba quedando: «¡Al menos no tendremos que hacer dieta cuando volvamos!».

Roberto Canessa explica, asimismo, que las bromas que se hacían entre ellos durante aquellos días a los que sobrevivieron en terribles condiciones les ayudaron a mantenerse con vida y esperanza. Las risas y el humor no solo los ayudaron a sobrellevar la desesperación, sino que también reforzaron el espíritu de lucha y la cohesión de grupo entre los supervivientes. En cada conferencia, Canessa y sus compañeros hacen hincapié en que, en las situaciones más extremas, encontrar motivos para reír puede marcar la diferencia entre la vida y la muerte.

Reírse por no llorar

Nietzsche defendía que, en una vida llena de sufrimientos, la risa es una especie de mecanismo de compensación para soportar las tragedias y soportar las dificultades; una herramienta creada por el ser humano para evitar caer en el abismo de la desesperación y la tristeza. Y es que en un mundo que a menudo nos da más motivos para llorar que para reír, la risa se convierte en un acto de resistencia.

Es necesario darles tiempo a los procesos de duelo y no invalidar lo que sentimos, pero pasado ese periodo crítico y de dolor agudo podemos (y diría, debemos) utilizar el sentido del humor como ejercicio terapéutico para aliviar el sufrimiento.

La vida es muy irónica y está llena de paradojas. Aquello que no pensabas que ocurriría nunca, ocurre, y lo que creías obvio, jamás se da. Y es que «la vida te da sorpresas, sorpresas te da la vida», cantaba, y con razón, Rubén Blades. Y cuando estas sorpresas ocurren, y no son de las buenas, solo tenemos dos opciones: continuar viviendo con rabia y amargura o aprender a reírnos de las circunstancias que nos ha tocado vivir.

El humor nos sirve para dominar aquello que produce miedo e incertidumbre. Es una forma de intentar comprender aquello que nos resulta incomprensible o atemorizante. Nos ayuda a desdramatizar, a tomar distancia de los problemas y a reducir la angustia de nuestras preocupaciones. De hecho, al hacerlo nos resulta más fácil encontrar soluciones, incluso en situaciones para las que no veíamos salida.

Y es que a través del humor podemos hablar de nuestros deseos, miedos, frustraciones... y abordar temas incómodos o tabú de una manera más cómoda. El humor actúa como una válvula de escape para nuestras tensiones y preocupaciones, permitiéndonos decir cosas que, de otro modo, serían difíciles de escuchar o aceptar. Es nuestra herramienta para enfrentarnos al mundo. Nos permite liberar emociones, expresar deseos y descontentos que, de no ser así, nos consumirían por dentro.

Cuando hacemos una broma sobre una dificultad personal, no estamos negando su existencia, sino más bien transformándola en algo más manejable para nuestra mente. Este proceso de reinterpretación nos aporta una perspectiva diferente y ayuda a reducir el impacto emocional de situaciones estresantes o amenazantes.

Stephen Hawking, el célebre físico teórico, mostró en numerosas ocasiones cómo a través del humor él afrontaba las dificultades derivadas de su condición. A pesar de haber sido diagnosticado con esclerosis lateral amiotrófica a los veintiún años, Hawking mantuvo un agudo sentido del humor que lo acompañó a lo largo de toda su vida.

Un día, mientras asistía a una conferencia, un periodista le preguntó cómo era posible que mantuviera su optimismo y sentido del humor a pesar de su grave dolencia. Hawking, con su característico ingenio, respondió: «La vida sería trágica si no fuera graciosa», por eso intentaba hacer bromas frecuentemente sobre su apariencia y su silla de ruedas. En otra conferencia en Japón, al discutir la naturaleza del universo, el físico teórico inglés hizo reír al auditorio diciendo: «Mi objetivo es simple. Es una comprensión completa del universo, por qué es como es y por qué existe. Pero, mientras tanto, aún estoy tratando de entender cómo funciona mi silla de ruedas».

Stephen Hawking usó el humor no solo para sobrellevar su enfermedad, sino también para conectar con las personas a su alrededor, hacer más accesibles sus complejas teorías y, sobre todo, mantener su espíritu y su mente en alto frente a las adversidades. Su capacidad para reírse de sí mismo y de su situación inspiró a millones de personas y demostró que el humor puede ser un aliado muy poderoso a la hora de afrontar las dificultades de la vida.

La risa, la mejor medicina

El doctor Lee Berk, profesor de Patología en la Universidad de Loma Linda en California, llevó a cabo una serie de estudios muy interesantes sobre el impacto del humor en nuestra salud. En sus investigaciones analizó muestras de sangre de personas antes y después de ver vídeos cómicos, comparándolas con las de un grupo que no vio los vídeos. Los resultados mostraron que aquellos que se rieron con dichos vídeos acusaron una reducción importante en las hormonas del estrés y un aumento en su respuesta inmunitaria, lo que los preparaba para afrontar mejor situaciones dolorosas y estresantes. Esto ocurre porque cuando nos reímos liberamos endorfinas, que son sustancias producidas por nuestro cerebro; por cierto, muy similares a los opiáceos (como la morfina o el opio, entre otros), pero sin sus efectos negativos. Estos neurotransmisores actúan como analgésicos (reducen el dolor) y estimulan los centros de placer del cerebro, lo cual ayuda a reducir el malestar general tanto físico como emocional.

Otras investigaciones han demostrado, además, que existe una asociación directa entre el sentido del humor y la inteligencia. Por ello, Nietzsche estaba en lo cierto cuando afirmaba que «la potencia intelectual de un hombre se mide por la dosis de humor que es capaz de utilizar» y Freud al defender que «el humor es la manifestación más alta de los mecanismos de adaptación del individuo». Muchos años después de las observaciones de

Nietzsche y Freud, los estudios que investigan en este campo les han dado la razón a través de datos objetivos y metodologías científicas: las personas con más sentido del humor (especialmente, el humor negro) son las mismas que obtienen puntuaciones más elevadas tanto en inteligencia verbal como en inteligencia emocional. Y es que dicen que el humor es como el sentido común, ya muy poca gente tiene.

Pero ¿qué hace que algo nos haga reír?

Cuando una broma, un chiste o una situación nos resulta graciosa, lo es porque rompe con nuestras expectativas. Cuando vemos o escuchamos algo, nuestro cerebro formula una hipótesis sobre cómo se desarrollará la situación en función de lo que ya conocemos sobre el mundo. Entonces, cuando sucede algo que no esperábamos, es decir, que no encaja con la expectativa que nos habíamos creado, nos sorprende y eso es lo que nos hace reír.

Esto ocurre gracias, de nuevo, a nuestro maravilloso cerebro. Cuando escuchamos un chiste, por ejemplo, nuestros oídos envían la información al cerebro. El hemisferio izquierdo (concretamente, la corteza prefrontal) se encarga de organizar la información y de predecir, a través de la lógica, cómo transcurrirá la historia. Al mismo tiempo, una pequeña área en el hemisferio derecho (la corteza prefrontal ventromedial) implicada en el procesamiento de la información que no sigue un patrón lógico, se activa para ayudarnos a imaginar la historia desde una perspectiva absurda. En todo este proceso, también interviene una área del cerebro llamada «corteza cingulada anterior», situada entre ambos hemisferios, encargada de detectar las incongruencias, y que se activa cuando la historia da un giro inesperado o absurdo. Cada vez que el cerebro detecta esta incongruencia, y comprendemos el sentido de la broma, se activa el sistema límbico (sistema emocional). Dependiendo de cuánto nos divierta, otra parte del cerebro envía señales a nuestras cuerdas vocales, diafragma y músculos faciales y empezamos a reír.

Al reírnos se desencadenan otra serie de respuestas fisiológicas en nuestro cuerpo, muy beneficiosas para nuestra salud física y mental. Por un lado, se reducen los niveles de hormonas del estrés, como el cortisol y la adrenalina. Por el otro, se liberan las «hormonas de la felicidad», como las endorfinas y la dopamina, las cuales no solo mejoran nuestro estado de ánimo, sino que también nos ayudan a manejar mejor las situaciones de amenaza.

Ahora bien, para que esto ocurra de verdad y la risa nos ayude a afrontar mejor las situaciones complicadas, esta debe ser genuina, real. La risa falsa no sirve. De hecho, reírnos sin querer hacerlo verdaderamente puede ser más perjudicial, incluso, que no reír. Hacerlo implica una invalidación de lo que en realidad sentimos y puede convertirse en una forma de disimular, negar y esconder nuestras emociones. Por tanto, para conseguir que la risa sea efectivamente «la mejor medicina», esta ha de ser verdadera, algo que realmente nos nazca de manera pura y honesta.

Pero, y si somos de los que nos cuesta reír y tomarnos las cosas con humor... ¿podemos hacer algo para fomentarlo?

La respuesta es sí.

Cómo desarrollar el sentido del humor

Muchas personas nacen con una predisposición natural para el humor. Desde una edad temprana, tienen facilidad para comprender y generar situaciones cómicas, captar dobles sentidos y hacer reír a los demás. Esta capacidad está relacionada con la personalidad de cada uno, la creatividad y la inteligencia emocional, pero no es, ni mucho menos, algo que permanezca invariable a lo largo de toda la vida. Así, esta capacidad puede cultivarse y desarrollarse, del mismo modo que puede abandonarse e ir menguando a lo largo de los años. En consecuencia, potenciar o inhibir nuestro sentido del humor depende, en gran parte, de nosotros mismos.

Un día nos reiremos de esto

Para reírnos de cosas que, *a priori*, no nos hacen ni pizca de gracia tenemos que entender, antes que nada, que toda interpretación y significado que le damos a algo es solo una posibilidad entre muchas otras. Por tanto, lo que hoy vemos de una determinada manera, no implica que no pueda verse de otra muy distinta en otro momento o por otra persona.

La frase «Un día nos reiremos de todo esto» ilustra perfectamente este concepto. Lo que hoy nos está pasando y nos está haciendo sufrir lo podemos recordar con humor dentro de un tiempo.

Recuerdo el caso de Ana, una chica a la que hacía poco habían despedido de forma inesperada, causándole mucho estrés y ansiedad. Además, el mismo día en que perdió su trabajo chocó con su coche, a consecuencia de lo cual el parachoques quedó totalmente abollado. En este momento, Ana se puso a llorar dentro del vehículo, abrumada, triste y preocupada por su futuro económico y profesional. Hoy día, Ana ha encontrado un nuevo trabajo que le gusta mucho más que el anterior, y pudo reparar su coche sin mayores complicaciones. Desde esta nueva perspectiva, recuerda aquel día fatídico y lo cuenta con humor: «El peor día de mi vida terminó siendo la mejor cosa que me pudo haber pasado. Un martes cualquiera entro a la oficina y mi jefe me dice que me echa, sin más explicaciones que "Estamos reduciendo personal". Por si fuera poco, al salir del trabajo, estampo mi coche contra una columna del parking. Y ahí estaba yo, sin trabajo y con el coche abollado, sintiéndome la protagonista de una comedia negra. Ahora, cada vez que veo un parachoques abollado, me río y pienso en cómo aquel accidente fue literalmente mi choque de realidad. Había tocado fondo y solo podía subir... ¡Y vaya si subí!».

Este cambio de perspectiva se debe a que con el tiempo adquirimos distancia emocional y proyectamos una nueva mirada sobre lo que ocurrió y nos damos cuenta de que lo que una vez nos hizo sentir mal ya no tiene el mismo poder sobre nosotros, lo cual nos permite reírnos de ello. La parte positiva de esta capacidad de reinterpretar nuestras experiencias es que nos permite afrontar la vida con más resiliencia. La parte negativa es que solo nos permite hacerlo tras haber transcurrido un cierto periodo de tiempo, cuando ya hemos sufrido y padecido por ese suceso. Qué maravilloso sería tener herramientas que nos ayudaran a mitigar el sufrimiento en ese preciso momento, sin tener que esperar a un futuro lejano para poder verlo con otra perspectiva, ¿verdad?

Pues, afortunadamente, existe una forma de engañar a nuestro cerebro y crear un «atajo temporal» para poder adquirir esa perspectiva que nos permita quitarle hierro al asunto. En efecto, nuestra mente tiene la asombrosa capacidad de realizar prospectivas afectivas, esto es, prever cómo nos sentiremos en el futuro en diferentes escenarios. Lo que hace nuestro cerebro a través de esta capacidad es proyectarnos a futuro e imaginar de qué manera reaccionaremos, pensaremos o nos sentiremos. Así, para aplicar esta técnica en las situaciones que nos ocupan, solo necesitamos hacernos preguntas que nos lleven a pensar en cómo veremos lo que nos está sucediendo ahora en un futuro.

Por ejemplo, podemos cuestionarnos: «¿Cómo veré esto

dentro de un tiempo?» o «¿De qué manera explicaré esto que me está ocurriendo dentro de unos años?». Al hacernos estas preguntas, estamos invitando a nuestra mente a salir del presente inmediato y considerar una perspectiva más amplia y a largo plazo. Para que esta técnica sea aún más efectiva, podemos hacerlo con la intención de encontrar un ángulo cómico en la situación. En lugar de simplemente preguntarnos cómo veremos la situación en el futuro, podemos añadir un matiz humorístico a nuestra proyección: «¿De qué manera cómica explicaré esto que me está ocurriendo en un futuro?» o «¿Dentro de unos años qué chistes haré sobre esto?». Este enfoque no solo nos ayuda a tomar distancia emocional de lo que nos está ocurriendo, sino que también nos permite reencuadrar la situación de una manera que reduce su impacto negativo. Al imaginar cómo podríamos reírnos de la situación en el futuro, estamos buscando activamente elementos cómicos o absurdos en el presente, lo que nos ayuda a disminuir la tensión y a ver las cosas desde una perspectiva más ligera.

Visión de monologuista

Existe una variante muy efectiva de la anterior estrategia. Podemos aplicarla sobre todo cuando nos cuesta mucho dar con el punto gracioso de la situación que nos está ocurriendo. Y es que es cierto que no es algo sencillo, sobre todo cuando encontrarle el humor a las situaciones no es una destreza que esté en nuestro repertorio de habilidades naturales o cuando sentimos las emociones de forma tan intensa que nos cuesta proyectar a futuro y tomar distancia de la situación.

De hecho, a veces, nos sentimos tan abrumados por los sentimientos que nos resulta imposible pensar de forma racional. Cuando esto ocurre muy intensamente, se le denomina «secuestro de la amígdala». Esto consiste en una respuesta emocional tan fuerte y descontrolada de la amígdala (esa zona involucrada en el procesamiento de las emociones), que anula de modo temporal la capacidad del neocórtex para que pensemos de manera racional.

En una situación cotidiana, la información sensorial que recibe nuestro cerebro primero pasa por el tálamo, que actúa como una especie de centro de relevo y luego envía la información al neocórtex, la parte de la corteza cerebral encargada del pensamiento racional y la toma de decisiones. Finalmente, se dirige a la amígdala, que evalúa el contenido emocional y decide una respuesta adecuada, asimismo emocional.

Sin embargo, en situaciones de mucho estrés o peligro, la información puede tomar un atajo directo desde el tálamo a la amígdala, saltándose el neocórtex. Entonces la amígdala, al recibir esta información sin el filtro racional de dicho neocórtex, puede desencadenar una respuesta emocional extrema. Este fenómeno provoca reacciones impulsivas como ataques de ira, pánico o conductas irracionales, porque la amígdala ha «secuestrado» el control del cerebro, anulando así nuestra capacidad de pensar de forma más racional y reflexiva. Cuando esto ocurre debemos aplicar técnicas de relajación y de regulación emocional para reducir la actividad de la amígdala. Solo después podremos pensar las cosas de manera más tranquila, sensata e, incluso, cómica.

Si, por otro lado, a pesar de poder pensar más serenamente, no somos capaces de encontrarle el punto cómico a lo que nos está ocurriendo, podemos recurrir a la «visión del monologuista». Esta estrategia consiste en, primero, pensar en un comediante o monologuista cuyo sentido del humor nos guste y al que admiremos; puede ser alguien famoso o incluso una persona de nuestro entorno con gran habilidad para ver el lado divertido de las cosas. Una vez identificado, debemos pensar en aquello que nos está haciendo sufrir e imaginar cómo este monologuista la describiría. Imagina qué palabras usaría, qué exageraciones humorísticas podría hacer y qué giros cómicos encontraría.

¿Imaginas cómo relatarían tus circunstancias Miguel Gila, Pepe Rubianes, Berto Romero, Andreu Buenafuente, Eugenio, Eva Hache, Ignatius o Chiquito de la Calzada? Y ¿cómo las interpretaría Charlie Chaplin, Jim Carrey, Whoopi Goldberg, Eddie Murphy o Sarah Silverman? Al adoptar esta «visión del monologuista», podemos cambiar nuestra perspectiva hacia esta mirada cómica más sencillamente.

Nadie es perfecto

Hay una diferencia importante entre reírse de uno mismo de forma sana y reírse de forma dañina. Reírse de uno mismo de modo saludable implica encontrar humor en nuestras imperfecciones y errores, aceptándolos como parte de nosotros y sin juzgarnos duramente por ello. Por otra parte, nos estaríamos riendo de nosotros mismos de manera «tóxica» si usamos el humor para menospreciarnos o desvalorizarnos. Es decir, cuando adoptamos una actitud pasivo-agresiva con nosotros mismos y nos autocriticamos o humillamos disfrazándolo de broma, no lo estamos haciendo sanamente. Este tipo de humor puede terminar dañando nuestra autoestima y perpetuar la inseguridad.

Por ejemplo, si eres una persona un poco torpe y frecuentemente se te caen cosas, podrías contar anécdotas divertidas sobre tus «batallas» con vasos y tazas. Reírte de estos momentos muestra que aceptas tu torpeza sin que afecte de manera negativa tu autoestima o autoconcepto. Pero si constantemente te refieres a ti mismo como «estúpido» cada vez que se te cae algo o te tropiezas, incluso aunque sea en tono de broma, estás reforzando una imagen negativa de ti mismo de modo despectivo que acabará por dañar tu autoconfianza.

Una vez hecha esta importante diferenciación, veamos otra estrategia que nos permite aprender a reírnos de nosotros mismos.

Consiste en escribir todas las cosas que no te gustan de ti mismo, aspectos a los que quieres darle menos importancia o áreas donde tienes un sentido del humor limitado. Sé honesto y escribe de forma específica. ¿Cuáles son tus zonas más sensibles? ¿Dónde tus reacciones emocionales te hacen perder completamente el sentido del humor? Simplemente, haz la lista. Al llegar al décimo o decimoquinto elemento, puede que empieces a ver lo absurdo de algunas de las cosas que no te gustan de ti mismo. Pero sigamos: a continuación divide tu lista en dos categorías: «graves» y «menores».

Los elementos «graves» son aquellos que te afectan profundamente, y que pueden tener un impacto significativo en tu bienestar emocional y mental. Pueden incluir cosas como inseguridades sobre tu apariencia, miedos profundos o hábitos destructivos. Mientras que los «menores» son más triviales y cotidianos y, aunque puedan molestarte, no tienen un impacto tan grande en tu vida. Pueden ser pequeños hábitos molestos o rasgos de personalidad que te gustaría mejorar.

Por último, separa los elementos que puedes cambiar de los que no puedes cambiar. Los cambiables son aquellos aspectos sobre los que tienes control y puedes trabajar para mejorar. Por ejemplo, procrastinación, mejorar habilidades de comunicación o perder o ganar peso. Identificar estos elementos te permite emprender acciones y establecer metas.

Los inmutables son aquellos que no puedes cambiar,

como ciertas características físicas o eventos del pasado. Aquí, el objetivo es aprender a aceptar y vivir con ellos, utilizando el humor para aligerar la carga. Para ello, puedes aplicar la «visión del monologuista» y fomentar una visión cómica de estos aspectos.

Escribe sobre tus defectos o experiencias desde esta perspectiva cómica, crea chistes sobre ellos y permítete reírte de todo ello. Cuando te sientas preparado, comparte esta nueva visión con tus personas más allegadas.

Recursos

No hay nada mejor para potenciar cualquier habilidad que entrenarla con la mayor frecuencia posible. Así que, aparte de mantener una mirada cómica en tu día a día, trata de construirte un ambiente y unos hábitos que también fomenten el sentido del humor. Rodéate de personas que te inspiren a tomarte las cosas de forma más ligera, investiga cuál es el tipo de películas y series de humor que te hacen reír y qué cómicos o monologuistas saben sacarte una carcajada. Averigua qué libros, revistas, cómics, artículos e incluso poesías han sido creados con el fin de hacer reír al lector. Y aprende de todos esos artistas y de, sencillamente, personas que han aprendido a tomarse la vida con más humor, empapándote de su visión, sarcasmo y optimismo.

A continuación te dejo una serie de recursos que pueden ayudarte a crear tu propia cajita de la risa. Recuerda que el humor es algo muy personal y subjetivo y puede que muchas de las siguientes sugerencias no sean graciosas para ti, pero espero que te sirvan para iniciarte en tu propia búsqueda personal de una visión más cómica de la vida.

Libros

El género de la novela cómica y humorística es una fantástica opción para reírnos solos a carcajadas. Existen desternillantes clásicos del humor como, por ejemplo, *Memorias de un amante sarnoso*, de Groucho Marx, en el cual narra sus experiencias sexuales evidenciando sus pésimas habilidades como amante. Otras sugerencias en las que los autores se ríen de sus propias vivencias son *Mi familia y otros animales*, de Gerald Durrell, en la que el autor explica de forma muy cómica las excentricidades de su familia, o *La tía Mame*, de Patrick Dennis, donde la excéntrica Mame Dennis, tras convertirse en tutora de su joven sobrino Patrick, le enseña inolvidables lecciones de vida desafiando las convenciones sociales.

No faltan las obras en las que se tratan las enfermedades mentales desde un punto de vista cómico, como, por ejemplo, *El enfermo imaginario*, de Molière, una comedia en la que se habla de hipocondría y del miedo a la muerte y al dolor con una perspectiva cómica.

Y, por supuesto, se han escrito multitud de obras en las que se ha utilizado el sentido del humor para criticar la política, los medios de comunicación y la sociedad en general. Entre ellos destacan *La conjura de los necios*, de John Kennedy Toole, sobre la hipocresía de la sociedad; *Noticia bomba*, de Evelyn Waugh, una crítica a la manipulación de la información y a un mundo dominado por intereses y la desinformación; *Wilt*, de Tom Sharpe, que nos ofrece una mirada cómica sobre las preocupaciones triviales de la vida, o *Sin noticias de Gurb*, de Eduardo Mendoza, una visión satírica de las peculiaridades que tenemos los seres humanos.

Películas

El cine ha llevado a la pantalla historias de todo tipo interpretadas de la forma más cómica y satírica posible. Hay películas para todo tipo de humor. Desde clásicos atemporales como *Tiempos modernos*, de Charles Chaplin, que trascienden culturas y épocas, hasta comedias contemporáneas como *Shrek*, de Andrew Adamson y Vicky Jenson, que revolucionaron la animación con un humor irreverente.

También encontramos obras maestras del cine surcoreano como *Parásitos*, de Bong Joon-Ho, que combina la sátira social con thriller lleno de giros inesperados y humor negro, y críticas sociales y satíricas como *American*

Beauty, de Sam Mendes, o la original *El show de Truman*, de Peter Weir.

Las películas animadas son otro clásico del humor. Los largometrajes que parecen para niños, pero están llenos de bromas satíricas y dobles sentidos para adultos, son uno de los géneros más buscados para pasar un buen rato. *Elio*, de Adrián Molina; *Inside Out*, de Pete Docter; con un gran contenido educativo sobre las emociones, o *Up*, de Pete Docter y Bob Peterson, que, a pesar de ser una película para todos los públicos, tiene un punto tragicómico que nos lleva de la risa al llanto entre una escena y otra.

Cómicos y personas que nos enseñan a tomarnos la vida con humor

Las redes están llenas de cómicos y monologuistas que nos hacen reír a carcajadas, pero quiero hacer especial mención a algunas de las personas que supieron utilizar el humor como terapia para superar sus adversidades. Son grandes maestros sobre cómo cambiar la visión de lo que nos ocurre y aligerar un poco el peso de las tragedias.

Richard Pryor, por ejemplo, fue uno de los primeros cómicos en hablar abiertamente sobre su problema con la adicción y la esclerosis múltiple. Este estadounidense fue un referente y marcó un antes y un después en el uso de la comedia como un medio para expresar miedos, vulnerabilidades y batallas internas, tanto psicológicas como físicas.

Siguiendo su ejemplo, actualmente Tig Notaro nos habla de su diagnóstico de cáncer; Jim Jefferies sobre su síndrome de Tourette; Gary Gulman, sobre su depresión y ansiedad y, otros cómicos afectados por enfermedades neurológicas o congénitas como Xavi Torres, Felipe Mateos, Fern Marie Brady, Lucho Miranda o Inés Rodríguez se dirigen a su audiencia desde una perspectiva humorística de sus luchas diarias y dificultades cotidianas.

Por otro lado, no faltan cómicos, como Lamine Thior o Asaari Bibang, quienes, con una visión crítica y activista de los derechos de diferentes colectivos también han utilizado el humor para concienciar y visibilizar las desigualdades a las que se enfrentan.

Aunque deseo que con estos recursos te rías, o al menos esboces alguna sonrisa, la verdadera intención de este último capítulo es, simplemente, demostrar que las cosas pueden enfocarse desde puntos de vista muy diferentes a los que estamos acostumbrados.

Ese es, en realidad, el fin último del humor.

Por último, y porque si hay algo igual, o a veces incluso mejor, que reír es hacer reír a las personas de nuestro alrededor y provocarles un instante de felicidad, comparto a continuación algunos chistes muy cortos (para que te sean fáciles de memorizar) y muy malos (para que hagan reír solo de lo malísimos que son), con los que, reconozco, me he reído mientras me documentaba para escribir este capítulo.

Repertorio de chistes malos

Un romano entra en un bar, levanta dos dedos y le dice al camarero: «Cinco cervezas, por favor».

—Cariño, ¿qué te gusta más de mí: mi belleza, mi inteligencia o mi sinceridad?
—Tu sentido del humor, mi amor.

—¿Sabes que han robado en el apartamento contiguo?
—¿Conmiguo?

Ayer me caí y pensé que me había roto el peroné. Peronó.

¿Has oído hablar del nuevo restaurante llamado Karma? No hay menú: te dan lo que te mereces.

—Doctor, ¿tendré cura?
—Por supuesto, cura, misa y funeral.

Dos tontos van en un tren.
—¿Ves qué rápido pasan los postes?
—Sí, en el viaje de vuelta volvemos en poste.

Cliente: «¿Tienen tarjeta para San Valentín que diga: "Para el único amor de mi vida"?».

Tendero: «¡Qué romántico y fiel! Pues claro que sí».

Cliente: «Genial. Deme ocho».

Encarna: «Paco, ¿me puedes explicar por qué eres tan vago?».

Paco: «¿Ahora?».

—¿De dónde eres?

—De Luisiana.

—Y yo del Paco y de la Mari, pero te estoy preguntando por el sitio.

—De Luisiana.

—Vaya, me ha tocado el tontito.

¿Cuántos psicólogos se necesitan para cambiar una bombilla? Solo uno, pero la bombilla debe estar dispuesta a ser cambiada.

Y si todo esto no ha logrado relajarte y aligerar un poco el peso de la vida, te dejo el ejercicio definitivo para reducir tus niveles de cortisol y puedas así reírte, aunque sea, de tu poco sentido del humor.

KIT DE REDUCCIÓN DE ESTRÉS

GOLPEAR LA CABEZA AQUÍ

Instrucciones:
1. Colocar el kit en una superficie FIRME.
2. Seguir las instrucciones del interior del círculo.
3. Repetir el paso 2 tantas veces como sea necesario.
4. En caso de perder el conocimiento, haga una pausa.

Agradecimientos

Gracias a mi familia, amigas y amigos que han permanecido acompañándome en este viaje de tinta, papel y corazón.